TA WAY

トヨタ式「人を動かす人」になれる6つのすごい！仕事術

Teruya Kuwabara
桑原晃弥 著

笠倉出版社

【はじめに】ぜんぶ自分でやろうとしない。人が動きたくなる仕組みをつくれ！

トヨタの業績が絶好調だ。

2022年3月期の決算は、売上高31兆3795億円、営業利益は2兆9956億円と過去最高を更新した。新型コロナウイルスや世界的な半導体不足の影響、資材・物流費の高騰といったいくつものマイナス要因がありながら、それらを乗り越え、すべてにおいて前期を大きく上回る数字を叩き出した。

かつては1000万台を超えていた世界販売台数も、823万台にまで減少したが、為替変動の影響や原価低減の努力により、当時を上回る結果を残している。

一見向かうところ敵なしのトヨタだが、わずか13年前の2009年3月期は4610億円という大赤字に陥り、倒産の危機に瀕していた。

それ以来、現社長の豊田章男氏を中心に、より少ない生産台数でも利益の出る体質へ転換を図ってきたが、まさにそれを可能にしたのが営々と培ってきた「トヨタ式」である。

さらに言えば、その「トヨタ式」を現場で支えたリーダーや社員たちの、たゆまぬ努力があったからである。

戦後間もない時期にも倒産の危機を経験したトヨタは、「ムダを排したものづくり」を徹底することで「より良く、より早く、より安く」を実現しようとした。

しかし、それまでと違うつくりをしようとすれば、当然現場の反発を買うことになる。

そこで、反対する人たちを説得し、現場の納得を得ようという動きの中から「トヨタ式　人の動かし方」が誕生する。

権限や権力をふりかざせば、「嫌がる人」をしぶしぶながらも動かすことはできる。しかし、それでは長続きしないし、「理解と納得」が得られないものは効果が薄い。

「トヨタ式　人の動かし方」の特徴は、①失敗してもいいから「やってもらう」②実際に現場でものを見て、現場で聞いた経験をもとに話す③仕組み化できるものは仕組み化する、にある。

例えば、考えることは得意でも実行の伴わない部下には、

「アイデアがあったら、ものをつくってみなさい」

「失敗したところでこれ以上悪くなることはないから、思い切ってやってみろ」

「失敗の数だけ成長できる」

と、思い切り背中を押す。

トヨタのような超巨大企業には失敗に厳しいイメージがあるが、現社長の豊田章男氏が**「三振はいいが、見逃しはダメ。空振りは思いっきり」**と言うくらい失敗に寛大だ。

また、現場主義の徹底から生まれたリーダーたちの言葉は、社内に広く長く伝えられてきた。

「遅れるのは良くないが、早過ぎるのはもっと悪い」

「資料は家に持って帰れるが、現場は家に持って帰れない」

「汗をかかなくても、楽にできる方法を考え出せ」

「部下に『わかったか』と聞くな。目で確認しろ」

「トップダウンとは、トップが現場に降りていくこと」

いずれも現場を見て、現場で感じて、現場でもがき苦しんだ人からしか出てこない珠玉の言葉ばかりである。また、

「部下に指示・命令を出す時は、同時に自分もその指示・命令を受けたつもりで出しなさい」

「一度仕事を任せたら報告を求めず一切口出しをしないこと。ただ期限がきたら

必ず見に行って何がどこまでできているか確かめること」

など、フォローの仕組みをつくることも忘れない。

仕事の多くは、人から人へと受け継がれ、人と人が力を合わせることで、いいものに仕上がっていく。

裏を返せば、人と人とがコミュニケーションをとりながら、理解と納得を得ながらみんなに動いてもらわなければ、いい仕事をすることはできない。

トヨタでは、頭のいい人よりも実行力のある人が真のリーダーなのだ。

そこで「トヨタ式　人の動かし方」を身につければ、今よりもたくさんの人に伝えたいことが伝わるし、多くの人から力も借してもらえる。

本書を読み、「なるほど」と思ったことがあったら、すぐに実行してみてほしい。本書が少しでも皆さまのお役に立てば、これに勝る幸せはない。

本書の執筆と出版には、株式会社ライトハウスの三上充彦氏と、企画編集のOCHI企画・越智秀樹・美保氏にご尽力いただきました。心より感謝申し上げます。

桑原晃弥

トヨタ式「人を動かす人」になれる6つのすごい！仕事術［目次］

第6章　トヨタ式「会社を動かす人」になれるすごい！仕事術

第1章

トヨタ式

「現場を動かす人」になれるすごい！仕事術

第1話

遅れるのはダメ。早過ぎるのはもっとダメ

納期より遅過ぎても早過ぎてもムダのもとになる

トヨタ式に、「遅れるのは良くないけれど、早過ぎるのはもっと悪い」という考え方がある。

この言葉を聞いて「おや?」と思った人も多いだろう。納期のある仕事で遅れるならまだしも、早く納品するのならいいではないかと。

例えば、ある商品を予定より早く納品したとする。しかし、納品された側は「早く納品された。良かった」と手放しで喜べないのだ。

なぜなら、予定より早く到着するということは、在庫として保管しなければならないからだ。保管するとなると、倉庫代、電気代、人件費など、余計なコストがかかってしまう。「せっかく早く仕上げたのだから、そんなに目くじらを立てなくても」と反論する人もいるだろう。

しかし早過ぎ、つくり過ぎを認めてしまうと、だんだん生産のコントロールが利かなくなってくる。やがては、早い納品が慣例とな

遅過ぎるのは悪、早過ぎるのは最悪

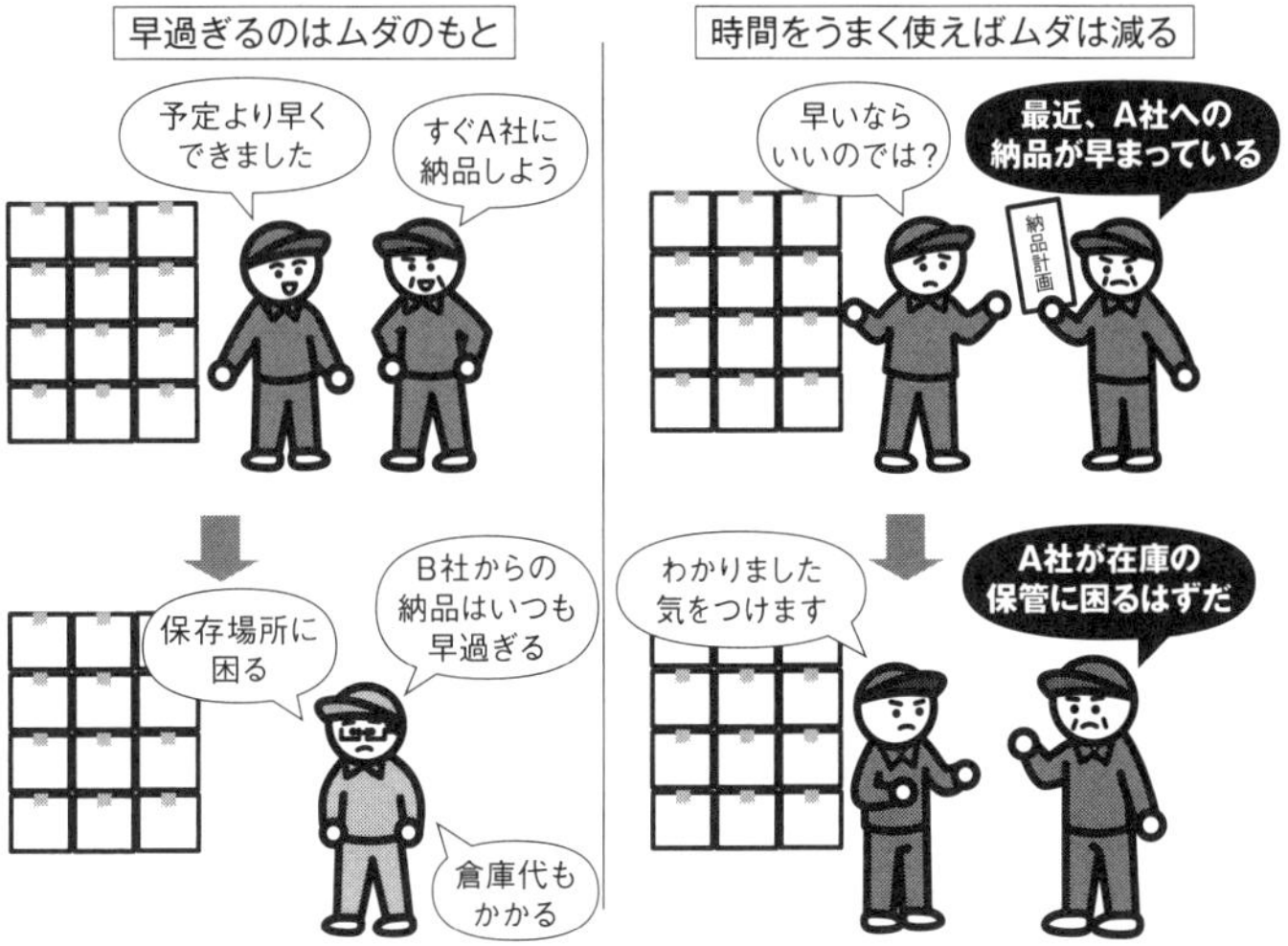

早過ぎるのはムダのもと
予定より早くできました
すぐA社に納品しよう
保存場所に困る
B社からの納品はいつも早過ぎる
倉庫代もかかる
時間をうまく使えばムダは減る
早いならいいのでは？
最近、A社への納品が早まっている
納品計画
わかりました気をつけます
A社が在庫の保管に困るはずだ

り、ムダな量を納品するようになるのだ。

つまり、**納期よりも早過ぎるとムダのもととなり、様々なロスにつながるのだ。**

これはなにもものづくりに限った話ではない。個人の仕事でも同じである。

上司なり得意先に、一度仕事内容のチェックをしてもらった後は、**納期を見ながら、ほんの少し早めに仕上げるくらいがちょうどいい。**

よく「仕事は忙しい人に頼め」というが、忙しい人は時間をうまくコントロールしている。遅過ぎるのも早過ぎるのも、時間にムダが生じることをよく知っているからだ。

時間をどう使うかは、仕事術・勉強術の大切なポイントの一つなのだ。

第2話

トヨタではなぜ「ラインはどんどん止めて」いいのか？

小さな異常を改善していけば、工程の質が上がり、品質も向上する

トヨタ式の基本は**「異常があればラインを止める」**にある。

生産現場では、小さな異常がいくらでも起きる。作業者の体調が悪ければミスもするし、機械設備も日常の点検を少しでも怠れば、思うようには動かない。部品や部材に異常が見つかることもある。

そんな時、トヨタ式は生産ラインを止めて、「なぜ異常が起きたのか」という真因を調べ、二度と同じ異常が起きないように改善をする。なぜそんなことをするかというと、**小さな異常を一つずつ改善していけば、工程の質が上がり、品質も向上するからだ。**

反対に小さな異常を「このくらいは」と無視して生産を続ければ、目先の生産性は上がるが、いつまでたっても工程が改善されることはなく、品質も向上しない。

それどころか、小さな異常が大きな問題を引き起こす恐れさえある。

そうならないためには、小さな異常であっ

「小さな異常」をスルーしない

そのくらい大丈夫だろう
ギギッ
いつもと違う音がするな…
小さな異常を甘く見ると……
せっかくつくったのに
水漏れしている
STOP
すぐにラインを止めよう
パーツにずれがある気がする
異常にすぐに対処すると……
あの機械に不具合があったようだ
この機会に工程を見直しましょう

てもためらうことなくラインを止めることが大切になる。だからこそ、トヨタ式では現場で働く人たちに「どんどんラインを止めろ」と発破をかける。

一方で、生産現場の管理職に対してはこう言い続ける。

「止めたくても止まらないほどのラインをつくれ」

「止まらないラインをつくれ」だけだと、異常に気づいたとしても「止めない方がいいかな」と悪い方向にいきやすい。

しかし「止めたくても」をつけることで、管理職が「絶対止まらないラインをつくらなければ」と強く意識する。

目標の掲げ方にも、工夫をこらすのがトヨタ式だ。

第3話 トヨタ式が協力会社の改善を後回しにするワケ

協力会社だけに苦労を押しつけない

ものづくりにおいて、コストを下げる最も簡単な方法は、協力会社からの仕入れ価格を下げることだ。

トヨタ式を実践しているA社も、最初はその道を選ぼうとしたが、同社のトップが注文をつけた。

「自分たちは何も変えずなんの苦労もしないで、協力会社にばかり注文をつけるのは『利益の収奪』だ。『安く買う』ことばかり考えないで、協力会社が安く売ったとしても、利益が出るにはどうしたらいいかを考えたらどうだ。『安く買う』のではなく、協力会社が『安く売れる』方法を考えろ」

トップのこの考えを受けて、A社は社員を主要な協力会社に出向させ、生産改革や改革のための指導を行った。

協力会社の社員と一緒に知恵を絞り、改善を重ねたことで、仕入れ価格を下げても、協力会社に利益が出る構造となった。

こうしてA社と協力会社は、互いに長く利

協力会社に協力せよ！

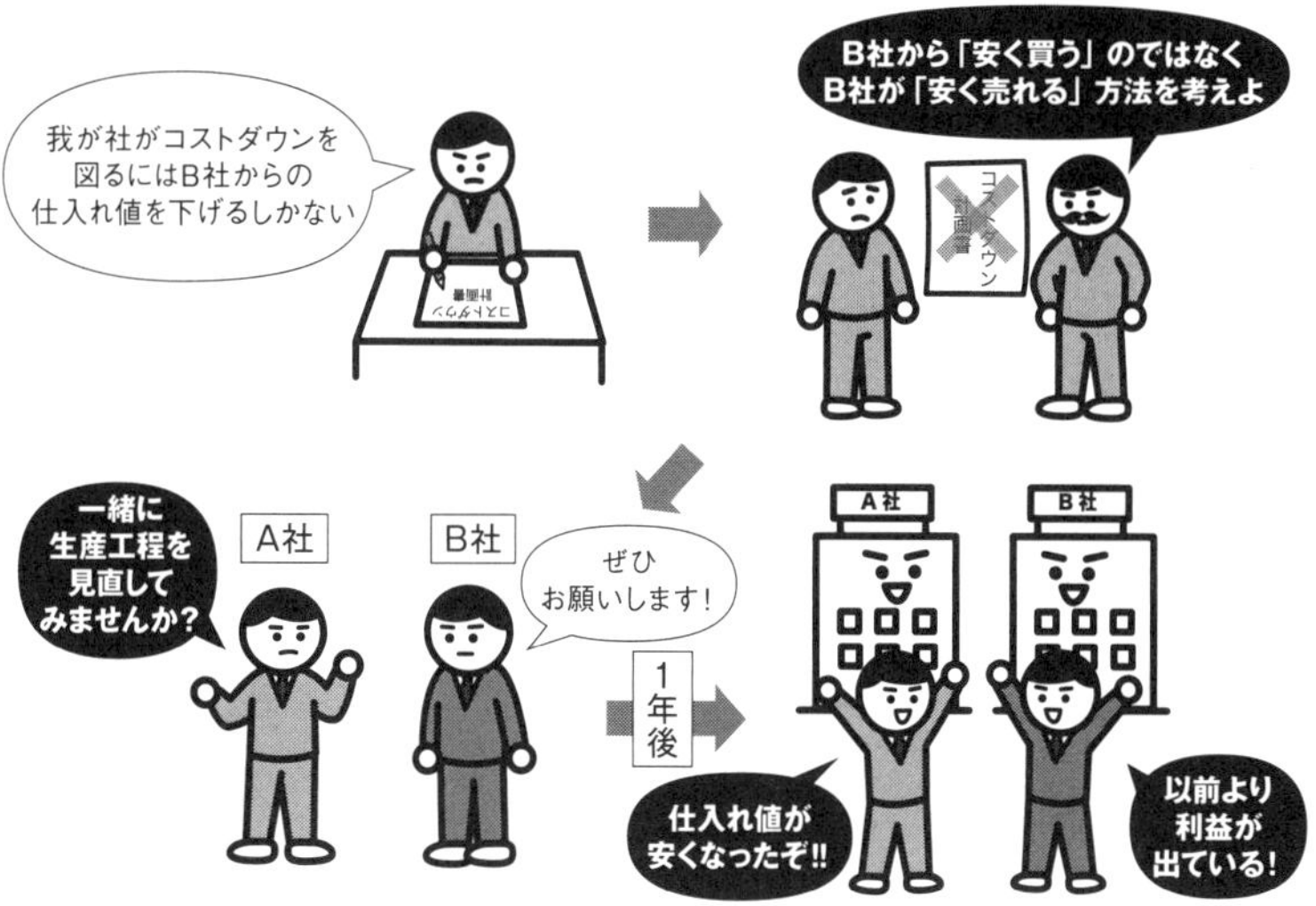
我が社がコストダウンを
図るにはB社からの
仕入れ値を下げるしかない
コストダウン計画書
B社から「安く買う」のではなく
B社が「安く売れる」方法を考えよ
コストダウン計画書
一緒に
生産工程を
見直して
みませんか？
A社
B社
ぜひ
お願いします！
1年後
A社
B社
仕入れ値が
安くなったぞ!!
以前より
利益が
出ている！

益を出し続けられるようになれた。そしてその後も、問題があれば「総力戦」で解決に当たる信頼関係を築くことができた。

「改善はお客さまに近いところからやる」が、トヨタ式の鉄則である。

にもかかわらず、多くの企業はお客さまから一番遠いところにいる協力会社に無理な改善を求めがちである。

しかし、そんな楽ばかりをしていると、知恵ある社員も育たなければ、協力会社との信頼も崩れる一方である。

「『安く買う』のではなく『安く売れる』ようにしろ」は、お客さまのために知恵を絞り、汗をかくのは誰なのかを教えてくれる言葉である。

第4話 仕事の「ムリ」「ムダ」をなくす究極の方法を教えます

「ムラ」を退治すると、自然と「ムリ」「ムダ」は消える

多くの仕事には波がある。極端に忙しい時期、暇になる時期……。クリスマスシーズンは忙しいが、夏場はわりと暇。夏は観光客の相手が大変だが、冬場はお客が来ないので開店休業状態という仕事がその典型だ。

個人の仕事でも、月や日にバラツキがある。月初はのんびりしているが月末は数字の追い込みで忙しい営業職、あるいは、あちこちから報告があがってくる朝が、とにかく忙しいというリーダーもいるだろう。

いずれにしても、こうしたムラや波を仕方がないものと捉えていたら、いつまでたってもムダを排除することはできない。

トヨタ式のものづくりの基本は、山と谷をできるだけつくらない「平準化」にある。ひと月に生産する量を稼働日で割って、1日あたりにつくる量を平準化していく。本来は日によって注文数が違うのだが、確実に売れるものを組み込むなどして、できるだけならす。

季節変動があるものをつくっているA社

「ムラ」をなくせば「ムリ」と「ムダ」は減る

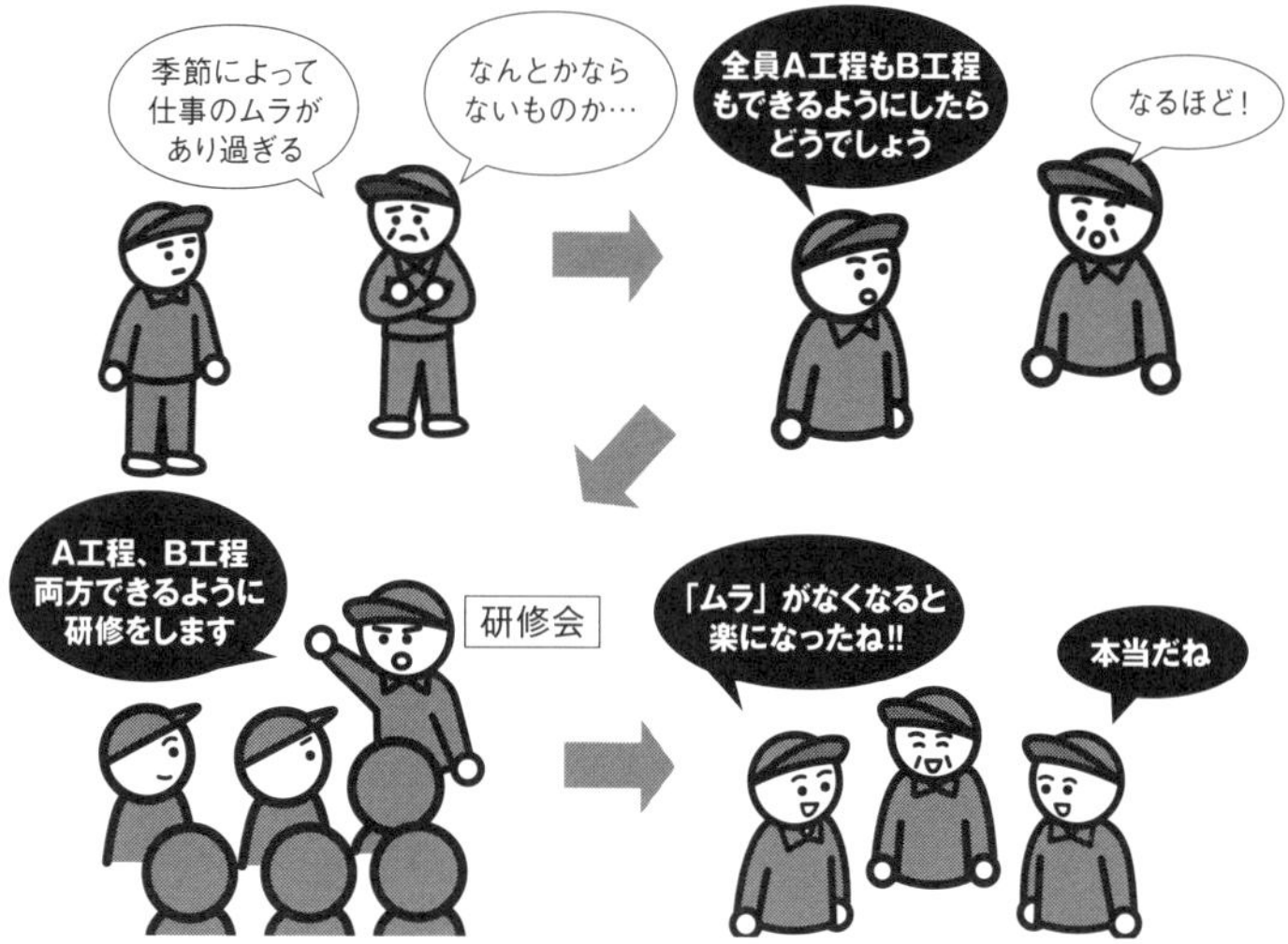
季節によって
仕事のムラが
あり過ぎる
なんとかなら
ないものか…
全員A工程もB工程
もできるようにしたら
どうでしょう
なるほど!
A工程、B工程
両方できるように
研修をします
研修会
「ムラ」がなくなると
楽になったね!!
本当だね

は、複数の商品を手掛けることで、通年で仕事があるようにしている。働く人も、一つの仕事だけではなく複数の仕事ができる「多能工」の能力を身につけている。

生産ラインの人数は定員化せず、注文数に応じて、10人でも3人でもやれるようにする、などの工夫を凝らしている。

まずはムラを退治する。ムラがなくなれば、余計な設備や人も必要ない。すると、ムリもなくなり、ムダが生まれる余地もなくなる。

職種によっては、完全にムラをなくすのが難しい場合もあるだろう。しかし「この仕事はこういうもの」という思い込みを捨てて、ゼロベースで見直してみる。そうすると、もっと効率的で、ムリ、ムダ、ムラのないやり方が見つかるはずだ。チャレンジしてほしい。

第5話 トヨタが「現場100回」をしつこく言う理由

資料は家に持って帰れるが、現場は家に持って帰れない

生産現場に限らずマネジャーの悩みの一つは、本社や上司への報告や書類作業、会議が多過ぎて現場に出る時間がない、部下を指導する時間がない、ということだ。

あるトヨタ社員Aさんの仕事は、機械の生産能力などを計算して、どの時期にどの程度外注に出さなければならないかという表を作成することだった。

ところが、時間をかけて表をつくったにもかかわらず、トヨタ自動車元副社長で、トヨタ生産方式の基礎を築いた大野耐一《おおのたいいち》さんは目を通そうともしない。それどころかこう一喝された。

「バカな計算ばかりやって困ったものだ。なぜ過去の実績がそのまま将来のベースになるのか。改善をすれば、過去の実績などなんの役にも立たなくなる。こんなことをする暇があったら、現場へ行って改善をやってこい」

現場を見なければ、問題はわからない。何が問題か見えなければ、どうすればいいもの

答えは「データ」ではなく「現場」にある

うーん
この仕事は外注した方がいいのか……
バカな計算ばかりしてないで現場に行け！
外注表
作業時間とコストを教えて下さい
いいですよ！
コストは……

をより速く、より安くつくれるかという考えも浮かばない。

問題が起きた時や、アイデアを思いついた時にはまず現場に行け、現場を見れば何が正しいかがわかるというのがトヨタ式の考え方だ。Aさんはこうも言われた。

「資料は家に持って帰れるが、現場は家に持って帰れない」

企業秘密や残業時間の関係で今の時代、資料を持ち帰って作業することはご法度になった。

しかし、現場でやるべきことを常に念頭に置いて仕事をするのは、とても大切なことだ。現場を動かすには、現場に足を運び、現場を見続けることが欠かせないのだ。

第6話

前例がないからこそ「挑戦しようじゃないか」

難題を前にしたリーダーの姿勢が現場を変える

トヨタのある工場が、これまで製造業では常識とされてきたあることを「なくす」ための「レス活動」に挑戦したことがある。

最初の取り組みは車両組み立ての最終段階で行われる、水漏れがないかを調べる検査工程だった。いわゆる「シャワーレス化」への挑戦である。

シャワーレス化に限らず検査が必要なのは、途中の工程に問題があるからだ。

もし、溶接や組み立てといった工程を徹底的に改善して水漏れの可能性をなくすことができれば、最終検査は不要になる。

言うのは簡単だが、工場管理職の間から「本当にできるのか?」という声があがった。そこで現場のリーダーたちはこう言い切った。

「これができたら恐らく世界でも他に例がない。だったら挑戦しようじゃないか」

ものづくりの常識を変える取り組みは、難しいけれどもやりがいがある。熱意は人から人に伝染する。

「前例がない」を言い訳にしない

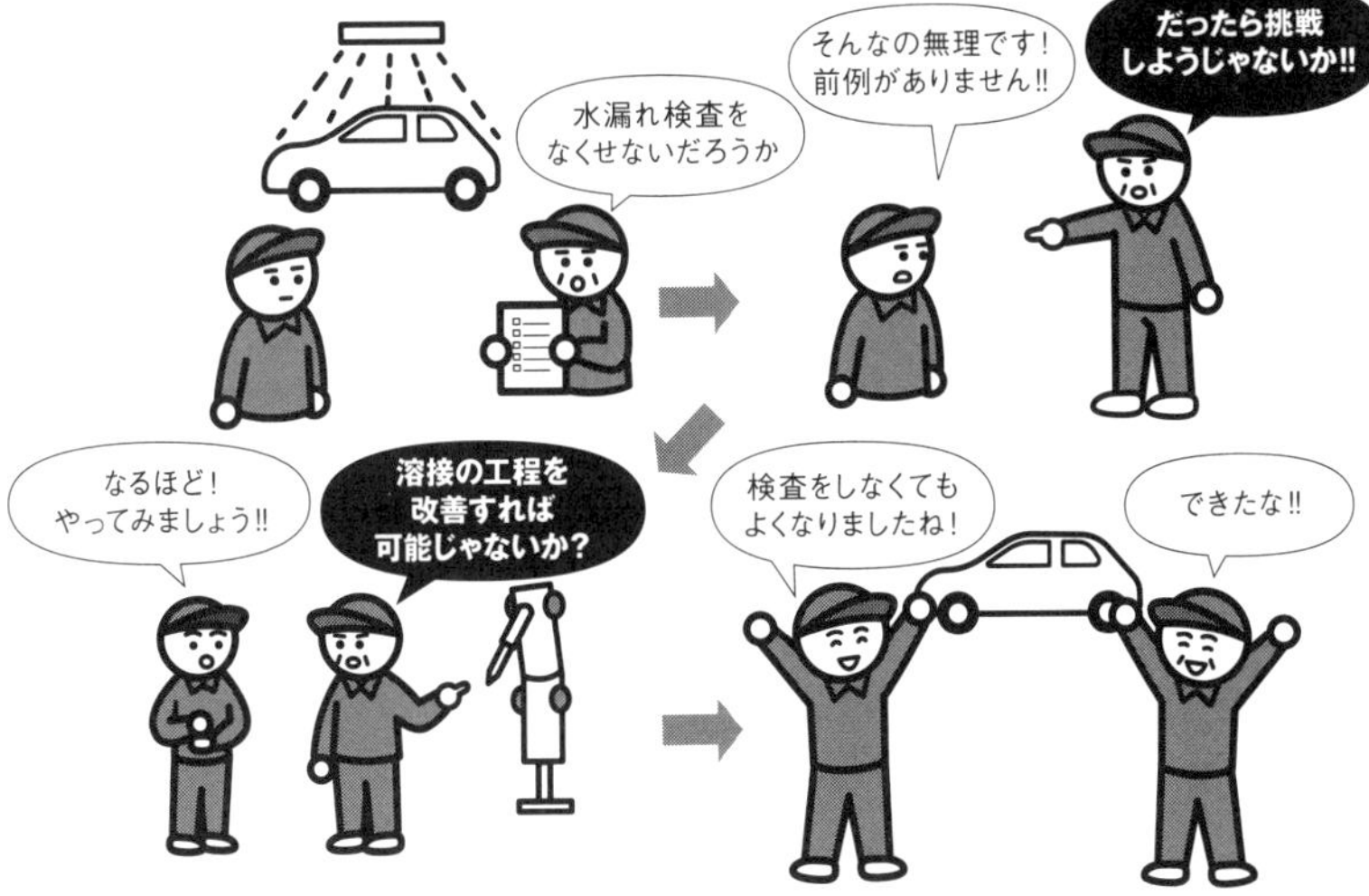

　現場のリーダーたちの熱気が、現場社員に伝わり、工場全体を巻き込む活動へと発展した。

　この取り組みが成功したことで、以後もたくさんの取り組みが行われるようになった。

　例えば鍛造部門ではおなじみの、溶かした鉄を型に流し込んだ際に型からはみ出した「バリ」を取る「バリ取り」。鍛造の段階で様々な工夫を重ねることで「バリレス」の部品をつくることに成功した。その他「切り粉レス」や、「火花レス」への挑戦も行われた。

　一度壁を乗り越えると、次からは難問への挑戦そのものが楽しくなってくる。

「誰もやっていないこと」への挑戦を求められた時こそ、「無理だ」ではなく、弱気を打ち破る言葉がけをしたい。

第7話 「失敗」を「失敗」と言わない。「問題」と言い換える

言葉一つ変えるだけで、人の捉え方は変わる

仕事をしていれば、誰でも失敗してしまうことがある。失敗とまではいかなくても、失敗につながる不良、トラブルは日常的に起こっている。

しかし、それらを「失敗」のひと言で片づけてしまうと、失敗は失敗のままであり、何も生み出すことはない。そこでトヨタの現場では「失敗」の代わりに、**「問題」や「不良」「異常」という言葉が使われる。**

実際、トヨタでは「問題は起きて当たり前」と問題を迎え撃つところがある。と同時に問題を1つ解決すれば、それだけ現場は良くなり、品質も向上するという前向きな捉え方をする。そう考えれば「失敗は悪」どころか、歓迎すべきものになるのだ。

もしあなたが「慣れたやり方と新しいやり方のどちらを選ぶか」と聞かれたら、どちらを選ぶだろうか？　多くの人が慣れたやり方を選ぶのではないだろうか。なぜなら、新しいやり方は自分にとって未知のものであり、

「失敗」を「問題」と言い換えよう

失敗が失敗のまま終わる人
失敗だ…
アジア市場惨敗…
また失敗した
北米市場惨敗
失敗を「問題」に変える人
どこに「問題」があったんだろう？
アジア市場惨敗…
成功したぞ!!
北米市場圧勝!!

「失敗」の恐れがつきまとうからだ。

もっといえば、「失敗したら上司に叱られる」「失敗したら周りの人に迷惑をかける」「失敗したら責任をとらされる」といったマイナスイメージがあるからだ。

これでは誰もが失敗を恐れ、失敗する可能性のあることなどやりたくないとなる。

「失敗」というのは、「失い、敗れる」ことであり、「失敗したらすべてが終わる」というイメージだ。そうではなく、「問題」や「不良」「異常」と言い換えてみよう。

そうすると、**「発生した原因を突き止めて、解決すれば改善になる」という前向きなイメージで捉えることができる。**トヨタの現場では、このように言葉一つで、ものごとの捉え方が大きく変わることを教えている。

第8話 現場の人を動かすには「これ」を忘れるな

モチベーションが上がるのは「自分のため」ではなく「誰かのため」

「仕事はなんのためにやるのか?」

この命題を考える上でしばしば引用されるのが「3人の石工」の話だ。

石工というきつい仕事をやるのに、「生活のため」や「親方に言われたから」では、やりがいにはなりにくい。「教会で祈りをささげる人のために」や、「後世に残る建物をつくるために」と考えれば、やりがいと誇りにつながるという話だ。

トヨタ式においてもしばしば問いかけられるのが**「改善はなんのためにやるのか?」**だ。

原価を下げて利益を出すというのは「企業のため」だが、**知恵を出すことを覚えるという点では「自分のため」でもある。**

さらに大切なのは**「お客さまのため」という視点である。**

あるハウスメーカーの工場では、家を建てるための部品や部材を生産していたが、不良品が多く、生産性も上がらず、工場で働く人たちのやる気は低かった。

「会社のため」を「お客さまのため」に変えてみる

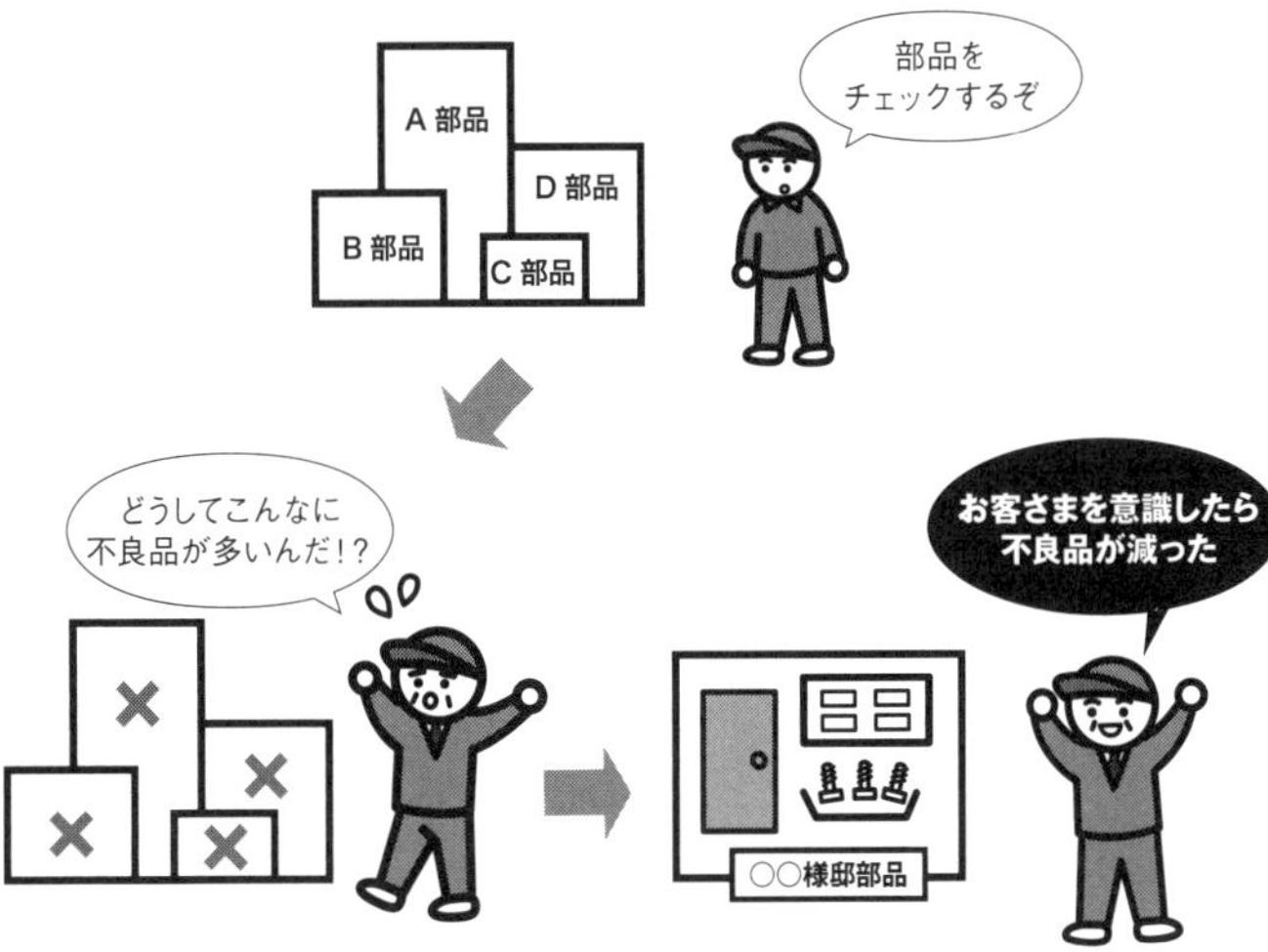

A部品
B部品
C部品
D部品
部品をチェックするぞ
どうして こんなに不良品が多いんだ!?
お客さまを意識したら不良品が減った
○○様邸部品

そこでトヨタ出身のコンサルタントに相談したところ、同じものをまとめてつくるやり方から、1棟ずつ必要な部品や部材をつくるやり方へ転換、それぞれに「○○さま邸」というお客さまの名前を入れることとなった。

工場長は最初、「そんなことをして何になるのか」と疑問だった。しかし、新しいつくり方に変えて以降、生産性は上がり、不良品も急速に減ることとなった。理由は「○○さま邸」という「お客さまの存在」だった。

自分たちのつくっている部品や部材で「○○さまの家が建つ」を意識するだけで、現場の人たちのモチベーションが上がったのだ。 人のやる気を引き出すには「仕事はなんのためにやるのか、誰のためにやるのか」を考えることが大事なのだ。

第9話

現場の知恵を引き出すコツは「ちょっとゆるめ」

ギリギリでは知恵が出ない。「ちょっと甘め」がちょうどいい

トヨタ式の生産現場で大切なものの一つに、「標準作業」がある。

標準作業には①タクトタイム（1台ないしは1個を何分何秒でつくらなければならないか）②作業手順（作業を行っていく順番）③標準手持ち（作業を行っていくために必要かつ最小限の工程仕掛品）の3つの要素がある。そして、標準作業を全員がしっかり守ってこそ、良いものを安定してつくることができる。

標準作業というと、人が疎外され、機械の一部のように働いたり、機械に振り回されるようなイメージをもつ人がいるが、トヨタ式の標準作業の特徴は**「標準作業は書き換えるためにある」**という考え方にある。

トヨタ式に標準作業を持ち込んだ大野耐一さんによると、**「標準作業は甘いくらいがちょうどいい」**という。完璧な標準作業をつくってしまうと、働いている人は標準作業に従うだけになってしまうからだ。

しかし、少し「甘いところ」があると、働

「ちょっと甘め」が知恵を引き出す

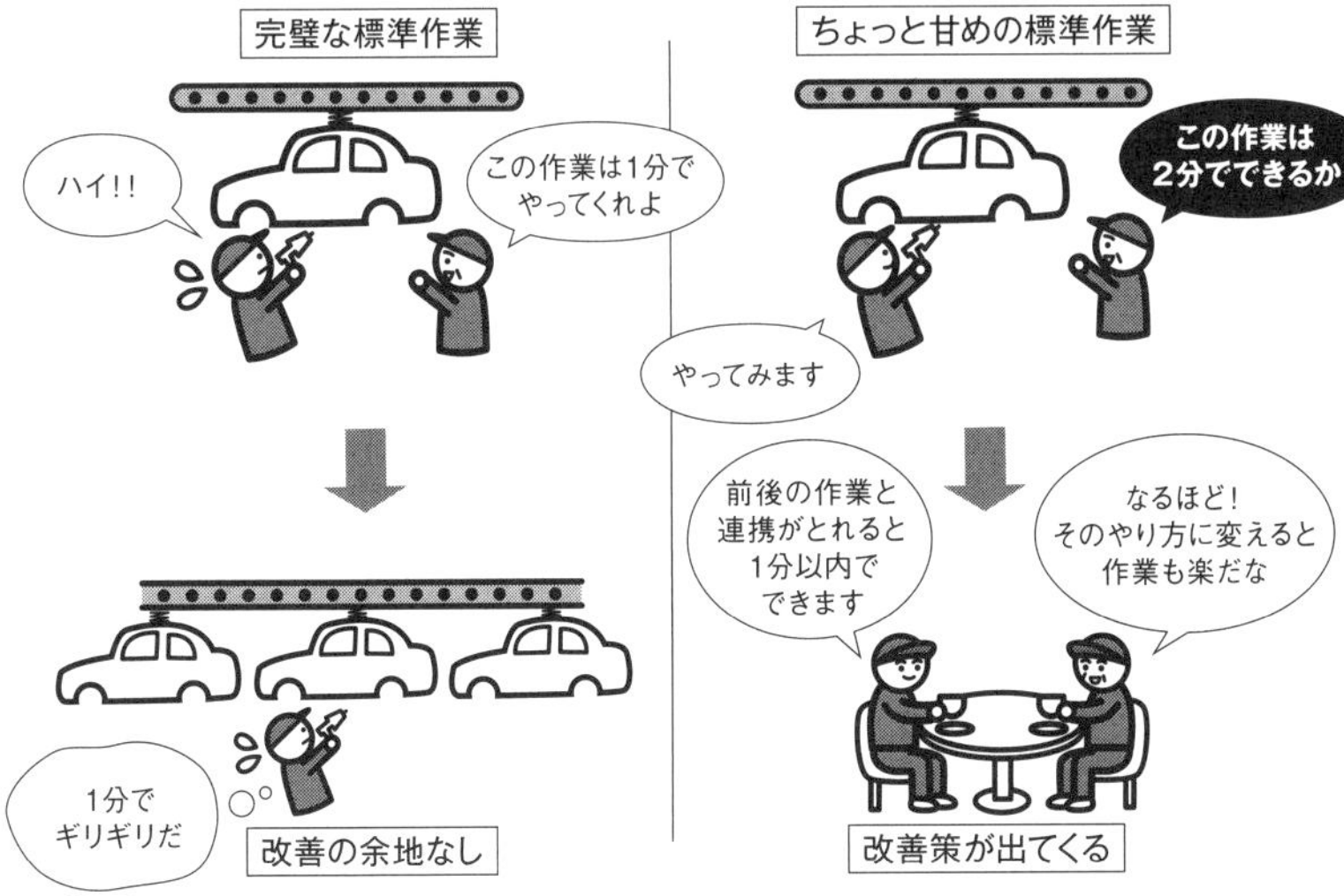
完璧な標準作業
この作業は1分で
やってくれよ
ハイ!!
1分で
ギリギリだ
改善の余地なし
ちょっと甘めの標準作業
この作業は
2分でできるか
やってみます
なるほど!
そのやり方に変えると
作業も楽だな
前後の作業と
連携がとれると
1分以内で
できます
改善策が出てくる

いている人が「ここはもっとこうした方がいいのでは」と知恵を出しやすくなる。

現場の人の知恵を取り入れながら標準作業を書き換えていくと、標準作業そのものがより良いものになるだけでなく、働いている人たちも知恵を出して働く人に成長することができる。そのため、標準作業を一度も書き換えることなく、同じことを繰り返す現場の責任者には、「お前は遊んでいるのか」という厳しい叱責が飛ぶことになる。

大切なのは、**標準作業を厳しく守らせること以上に、みんなの知恵を引き出しながら作業そのものを見直していくことだ。**

それが現場を動かし、より良いものづくりと人づくりを可能にするのである。

第10話 「伝わらない」を「伝わらない」ですまさない

言葉で伝わらない時は、イラストや模型を使って伝える

トヨタ式において「見える化」はとても大切なキーワードである。

例えば、工場はパッと見ただけで計画通りに生産が進んでいるのか、遅れているのかがわからなければならない。あるいは、不良品を始めとする問題が起きれば、すぐに全員が見えるようにする必要がある。他にも様々な「見える化」があるが、**トヨタ式の上司に求められるのは「想いの見える化」である。**

ある企業のトップに就任したAさんは、生産現場を日々歩く中でたくさんのことに気づき、生産改革をしなければ企業として生き残ることができないと考えるようになった。

ところが、「こう変えたらどうだろう」というアイデアはあるものの、その想いがなかなか現場に伝わらない。しかし、社員も管理職も日々がんばって仕事をしている。おそらく、「このままではダメになる」とか、「理想のものづくりはこうだ」といくら説いてもピンとこないだろうと思われた。

「想い」は「見える化」して初めて伝わる

そこで、Aさんは理想の工場をイラストに描き、理想の生産ラインをフィギュアなどで実際に模型にしてみた。

すると、言葉ではわからなかったものが少しずつ社員に伝わるようになった。イラストや模型を見ながら、「ここはこうしたらもっと良くなりますよ」といった知恵も出るようになった。

さらにAさんは様々な図表もつくり、みんなの見えるところに貼り出した。そこから同社の改革はスタートすることになった。

想いを言葉だけで伝えるのは無理がある。**イラストや図表、さらには行動によって想いをみんなに「見える」ようにする。想いが「見えれば」相手に伝わるのだ。**

第11話

「仕事に行く」ではなく「知恵を出しに行く」

「しんどいこと」は「どうしたら楽になるか」を考えるチャンス

トヨタ式を実践しているある工場では、ネジを締める作業を、ゆっくり動くラインに合わせて人が歩きながらやる仕組みになっている。

そのため、見学しに来た人は皆、「なぜ歩きながら？」「座ってやった方がいいのでは？」と疑問をもつという。

確かに歩きながらネジを締める作業は、一見すると難しく大変そうに見える。

ところが、このやり方を考えたのは、作業をやっている現場の社員たち自身であった。

かつては立ったままやっていた。しかし、その頃はとても単調でつらい作業だった。作業者は皆、時計を見ながら、「早く5時にならないかなあ」と退社後のことばかりを考えていたという。

変化が起きたのは、工場がトヨタ式をベースとする生産改革に乗り出してからだ。

それまで言われた通りの仕事をやることだけを求められていた社員たちは、生産改革が

「しんどい」の中に「楽になる」ヒントがある

知恵を出さなければしんどいまま
ずっと立ちっぱなしはしんどいな
やっと5時になった
体中が痛いけどがまんするしかない
知恵を出せば楽になる
歩きながらが楽です
よしやってみよう
とても楽になった
これからもどんどん提案しよう

始まってから**「しんどいとか、つらいと気づいたら、どうすればいいかを考えて、どんどん提案してほしい」と言われるようになった。**

そうした中から生まれたのが、「ゆっくりと動くライン」であり、「歩きながらネジを締めるやり方」だった。最初は誰もが見学者と同じく「そんなムチャな」と思ったが、実際にやってみると、とても楽だった。

以来この現場では、みんながこんな言葉を口にし始めている。

「『仕事に行く』のではなく『知恵を出しに行く』」

つらいはずの仕事が楽しいものに変わった瞬間だった。

第12話 思いついたら「やる」。「すぐ」やる

改善の効果を「実感」すると、現場は自ら動き始める

変化を恐れ、現状維持にしがみつく人はどこにでもいる。また、変化を嫌う人は、今が最良だと思い込みやすい傾向にあるが、実は、これが最も危険なシグナルである。今が最良だと思った時点で、後退が始まるからだ。

改善によって慣れたやり方を変えるのは大変だ。もし自分が改善を指導する側になれば、現場から強い抵抗にあうことは目に見えている。だから多くの会社では、「総論賛成、各論反対」になりがちである。

トヨタ式を取り入れて、改善に取り組むA社もそうだった。「改善研究会」なるものを発足させたが、全く成果が上がらない。なぜなら改善に興味はあっても、自分の仕事ではないという考え方が現場にあったからだ。これでは改善が進むわけがない。

そこでA社では、改善を「まずやってみる」ことを第一優先として「すぐやる課」を設置した。現場から出てきた意見をもとに、その日のうちに改善を行うチームだ。

まずやってみる、すぐやってみる

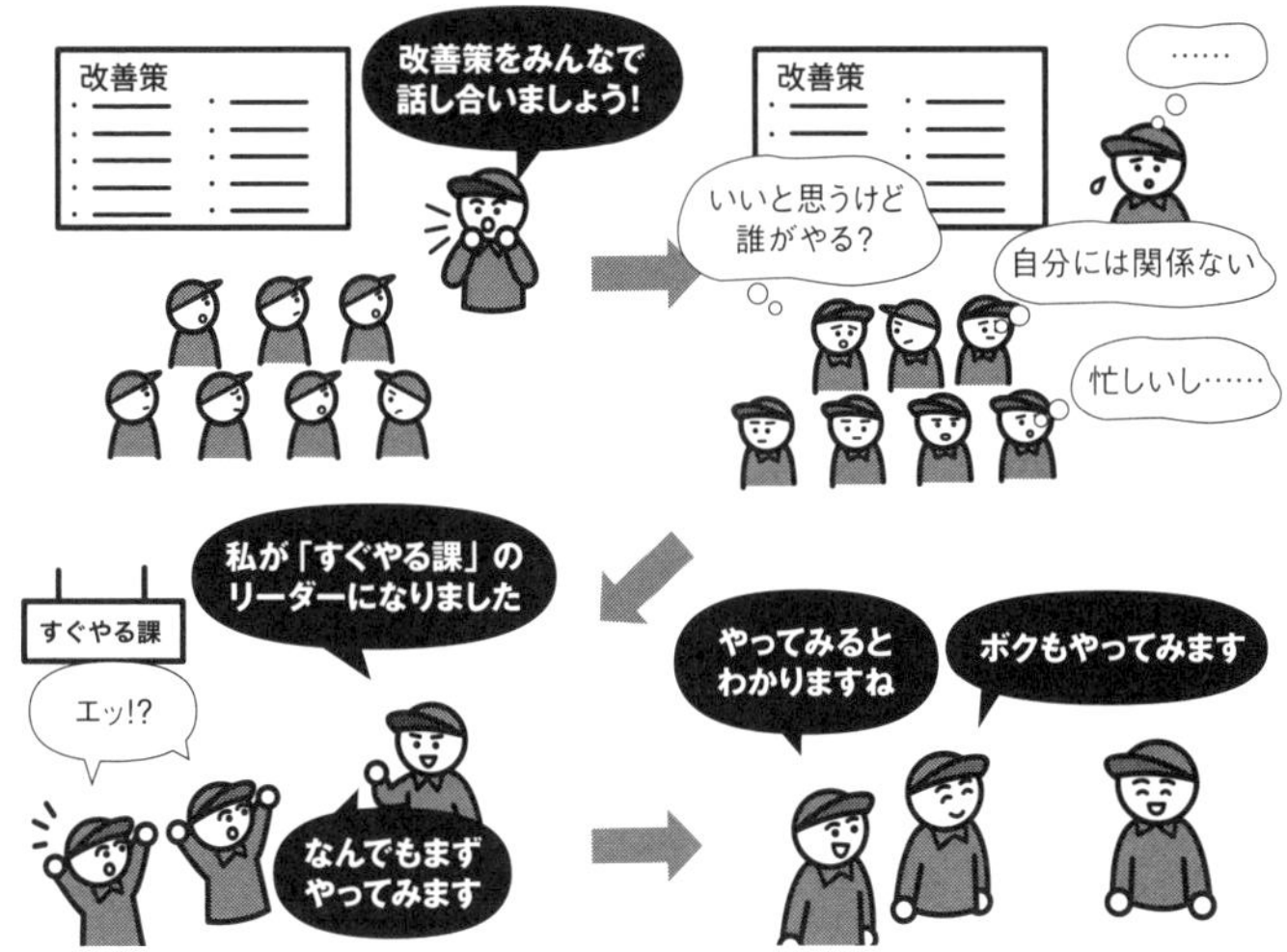

すぐに実行するので、早ければ2、3日で改善の効果が表れた。さらに、時間がたっていないため、改善前との比較も容易だった。

以前は改善点を説明する段階で強い抵抗が見られたが「まずやってみる」ことで、その結果に対して満足する声も出始めた。

そうしていくうちに、改善を理解し、自分のこととして捉える人が増えてきた。

そして、改善の結果が良いとなると、改善案を出すことに皆が喜びを感じるようになった。

「明日やろう」「反対されたらどうしよう」と先延ばしにするのは、問題の放置でしかない。まさに「明日やろうはバカ野郎」だ。改善を続けるコツは、思いついたら「すぐやる」。これに尽きる。

第13話 上司に呼ばれてすぐ駆けつけられるリーダーはなぜダメなのか？

「現場のために」働いている人は、あちこちから声がかかって忙しい

「親方」というと前時代的なイメージがあるが、大野耐一さんが現場の管理職にいつも言っていたのが**「頼りになる親方になれ」**だ。

ある時、大野さんが「現場スタッフのAを呼んできてくれ」と若い社員に頼んだ時の話だ。Aさんは息を切らせながら大野さんのところに急ぎ駆けつけてきた。

普通に考えれば、当たり前のことだ。たとえ何かやっていたとしても、上司、それも役職がすごく上の上司が呼んでいるとなれば、たいていの人はとるものもとりあえず駆けつける。

ところが、大野さんはこう言った。

「本当に用事があればわしの方が出かけていく。わしが呼んどるからといって、すっ飛んで来られるというのは、お前、現場で何も頼られておらんぞ」

大野さんいわく、日頃から現場のために懸命に知恵を出していれば、あちこちから「ちょっとこのことでご相談が」とか「実は

現場に頼られている人か？　いなくてもいい人か？

こんなことを考えたんですが」と声をかけられるはず。その一つひとつに対応していれば、上司が呼んでいるからといって、すぐに駆けつけることなどできないはず、というのだった。

大切なのは、上を見て仕事をすることではなく、現場を見て現場のために「何ができるか」を考え、実行することだ。

現場のために何ができるかを考え、一つひとつ誠実に実行する。そんなスタッフを現場の人は頼もしく思い、信頼し、頼りにするものだ。

大野さんのこの言葉は、目指すべき上司像を端的に表すものである。

第14話 トップダウンとは「上意下達」でなく「トップが現場に降りていく」こと

部下から報告がくると思うな。自ら現場に聞きに行け

トヨタの経営者や役員に共通するのは、現場へ行くのが大好きだということだ。

トヨタ創業者の豊田喜一郎《とよだきいちろう》さんは毎朝、工場に来ては社員だけでなく、機械にも「おい、元気で働いているか。飯は食っているか」と声をかけていたし、元社長の豊田英二《とよだえいじ》さんも毎日、その日に完成した車に自ら試乗するほど現場が好きだった。

以後、歴代の社長たちも工場視察を欠かすことがなかったが、現社長の豊田章男《とよだあきお》さんはサプライズで頻繁に工場を訪問している。理由は「事前に知らせるとみんな緊張した顔をしているけど、サプライズだと笑顔で迎えてくれる」からだ。

なぜそれほどまでに、現場にこだわるのか？

トヨタでは日常的に「現場は見たのか？」という言い方がされる。

つまり、リーダー自らが現場を見ることで初めて、部下からの報告と現場との間に

報告を待つな、現場に足を運べ

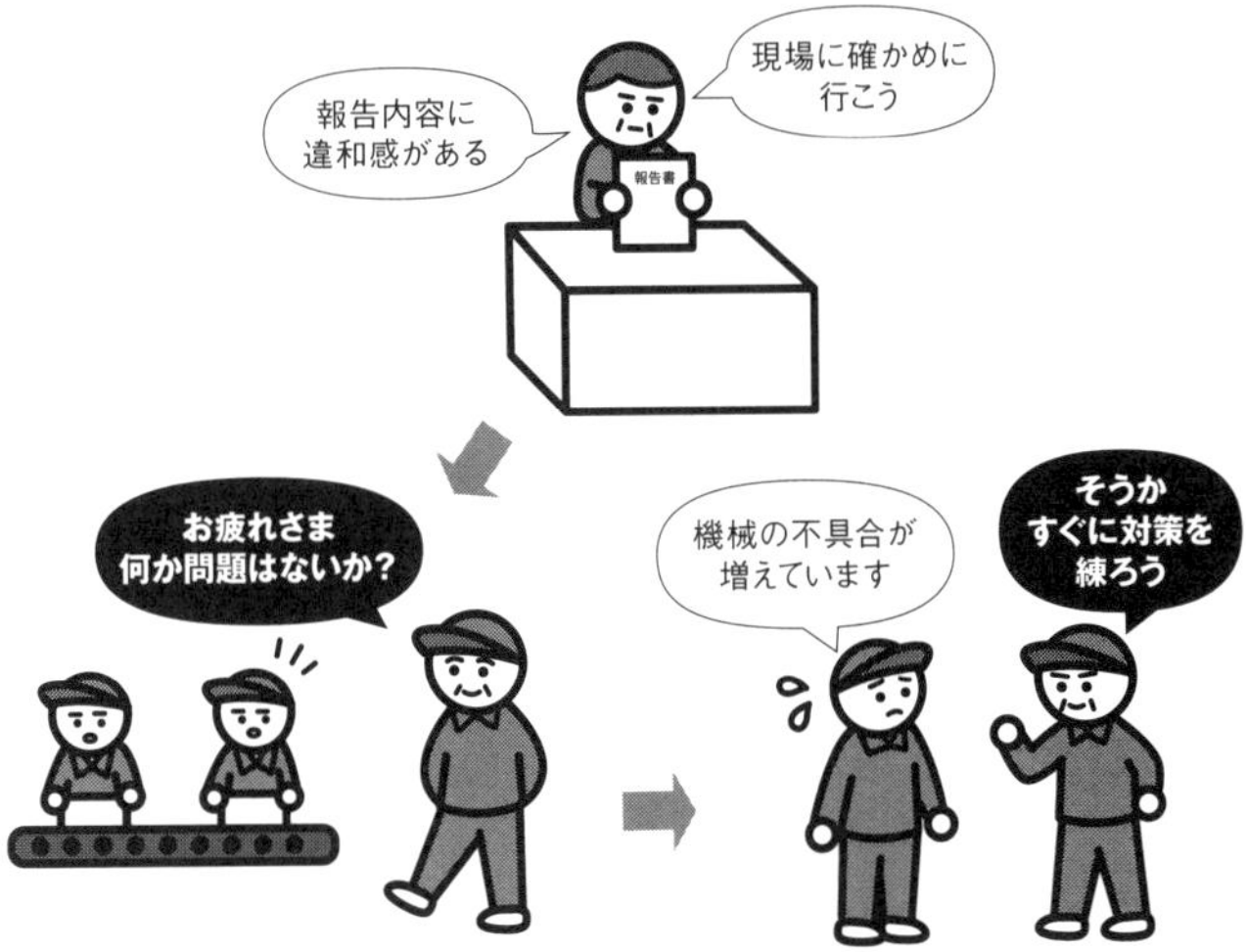
報告内容に
違和感がある
現場に確かめに
行こう
報告書
お疲れさま
何か問題はないか?
機械の不具合が
増えています
そうか
すぐに対策を
練ろう

ギャップがあることに気づくことができるという考え方をもっているのだ。

現場を知らない上司は、部下の報告を鵜《う》呑《の》みにするが、**現場を知っていれば、報告のおかしさに気づくことができるし、的確な指示も出すことができる。**

そのためだろうか、豊田章男さんはこんな言い方をしている。

「トップダウンとは、トップが現場に降りていくこと」

上司の中には現場に行くのではなく、部下の報告を待つだけの人がいるが、トヨタでは「下から報告がくると思うな。必要があれば、自分で聞きに行け」と言われる。上司はいつだって現場に強い関心をもち、現場に足を運ぶ人でなければならない。

第15話 ムダは「進化」する。ムダ取りも「進化させる」

トヨタの仕事に、「完璧」という文字はない

かつて大野耐一さんのもとで仕事をしたトヨタマンGさんの話だ。

Gさんは生産ラインの改善を命じられ、現場で取り組むこととなった。

ある程度結果が出たため大野さんに報告に行ったところ、他のラインにも展開したのかと聞かれた。そこでGさんは再び現場に戻り、他のラインにも展開してその結果を報告に行った。すると今度は「他のラインは、お前のやり方よりもうまくやっているぞ」と言われた。

この時Gさんは正直「キリがないぞ」と思った。と同時に、「改善に終わりはないんだ」ということが、深く心に刻まれたという。

トヨタ式では「ムダ取り」で何百というムダを数え上げ、そのムダをいかになくすかを考える。しかし、ムダも時代とともにどんどん進化する。そこで**トヨタ式では、「ムダも進化する」と考える。**

トヨタ自動車元社長の張《ちょう》富士《ふじ》夫《お》さんもこう

「ムダ取り」と「改善」に終わりなし

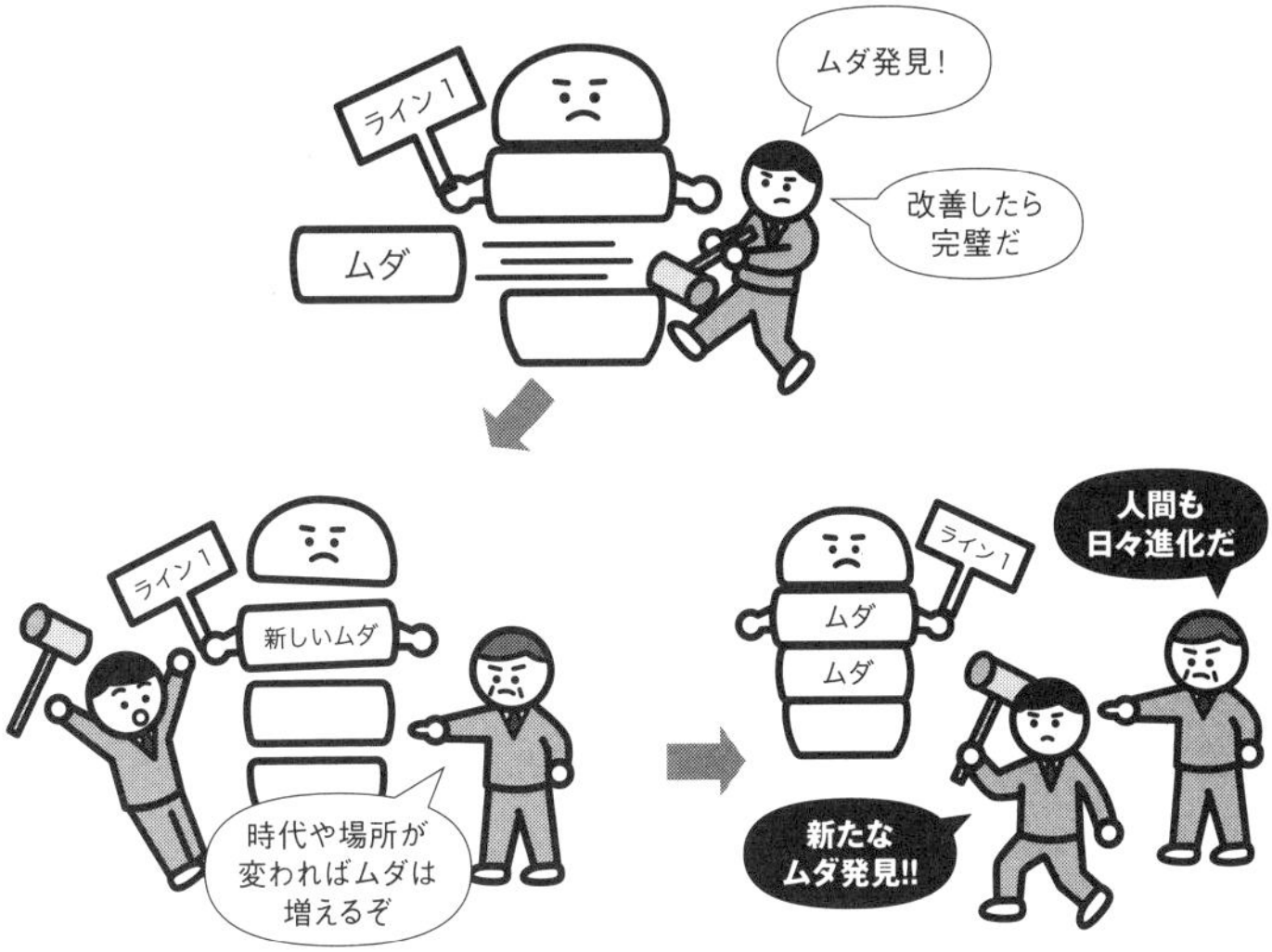
ライン1
ムダ発見！
改善したら
完璧だ
ムダ
ライン1
新しいムダ
時代や場所が
変わればムダは
増えるぞ
人間も
日々進化だ
ライン1
ムダ
ムダ
新たな
ムダ発見!!

言っている。

「ロボットからITへとつくり方が変わっていけば、ムダの出方も当然違ってきます。にもかかわらず、手段や手法ばかり追っていると、籔《やぶ》の中へ入るというか、とんでもない間違いを起こすのではないでしょうか」

どんな仕事にも「これでよし」「これで完璧」ということはない。

改善であれムダ取りであれ、現場の状況が変わり続ける以上、終わりはないのだ。

大切なのは、**ムダと仕事を見分け、その上で改善をし続けるたゆまぬ向上心だ。**

仕事において、「現状維持」は「後退」と同じ。「人間も企業も前を向いて歩けなくなった時が終わりである」とは、豊田英二さんの言葉である。

豊田章男 伝説01

お前のような者を部下にもちたい者はおらん!!

現在のトヨタ自動車社長である豊田章男さんは、歴代のトヨタ社長と比べ異色の存在です。『トヨタイムズ』といった自社媒体を立ち上げPRしたり、自社CMに積極的に出演したりと、自らを広告塔として位置づけ、情報発信を続けます。これは従来のトヨタ社長には見られなかったことです。そこで、本コラムでは、名言を通して「豊田章男」さんの素顔に迫ります。

章男さんは1956年、トヨタ自動車6代目社長・豊田章一郎さんの長男として生まれました。トヨタグループの始祖・豊田佐吉さんを曾祖父、トヨタ自動車創業者の豊田喜一郎さんを祖父にもち、父親の豊田章一郎さんが6代目社長ですから、いわば「御曹司中の御曹司」、トヨタ生粋のプリンスとして誕生しました。

そんな章男さんは幼い頃から車が大好きで、経済的にも恵まれた環境にありました。が、周囲からは「豊田家の息子」のレッテルを貼られ、学生時代は何をやっても「どうせトヨタ社長の息子」「豊田の名前があるからできる」と言われることもありました。

大学時代は、ホッケーに打ち込み、「考える前にまずやってみる」を身につけた章男さんは、卒業後、ＭＢＡ取得のためにアメリカに留学、アメリカの投資銀行に勤務した後、27歳の時にトヨタ自動車に入社します。

その時、父の章一郎さんから言われたのが、**「トヨタには、お前のような者を部下にもちたい者はおらんだろうな」**という言葉でした。

しかし、この言葉で発奮した章男さんは、以降厳しい上司との出会いなどを経て、トヨタ社員として成長していきます。

第2章

トヨタ式

「自分を動かす人」になれるすごい！仕事術

第16話

「いい奴」と「できる奴」は違う

一番タチが悪いのは、「人を育てられない『いい人』」

上司と部下の関係は微妙だ。

頭では「厳しく指導しなければ」と思いながらも、「嫌われたくない」「関係が悪くなったらやりづらい」といった気持ちがつい出てしまう。

そのことから、上司の中には厳しいことを言うのを控える人もいる。

誰しも「嫌われるよりは好かれたい」し、「嫌な上司といわれるよりは、いい上司といわれたい」ものだ。

ただ、トヨタはこうした考え方に対してはっきりとくぎを刺している。

「一番タチが悪いのは、人を育てられない『いい人』だ」

「いい奴とできる奴は違います」

元トヨタ社員のAさんが、同期のBさんと同じ部署に配属された時の話だ。

Aさんは厳しい叱責などない優しい先輩についたのに対し、同期のBさんは厳しい先輩につき、いつも怒鳴られてばかりいた。

「いい人」ではなく「人を育てられる人」になれ

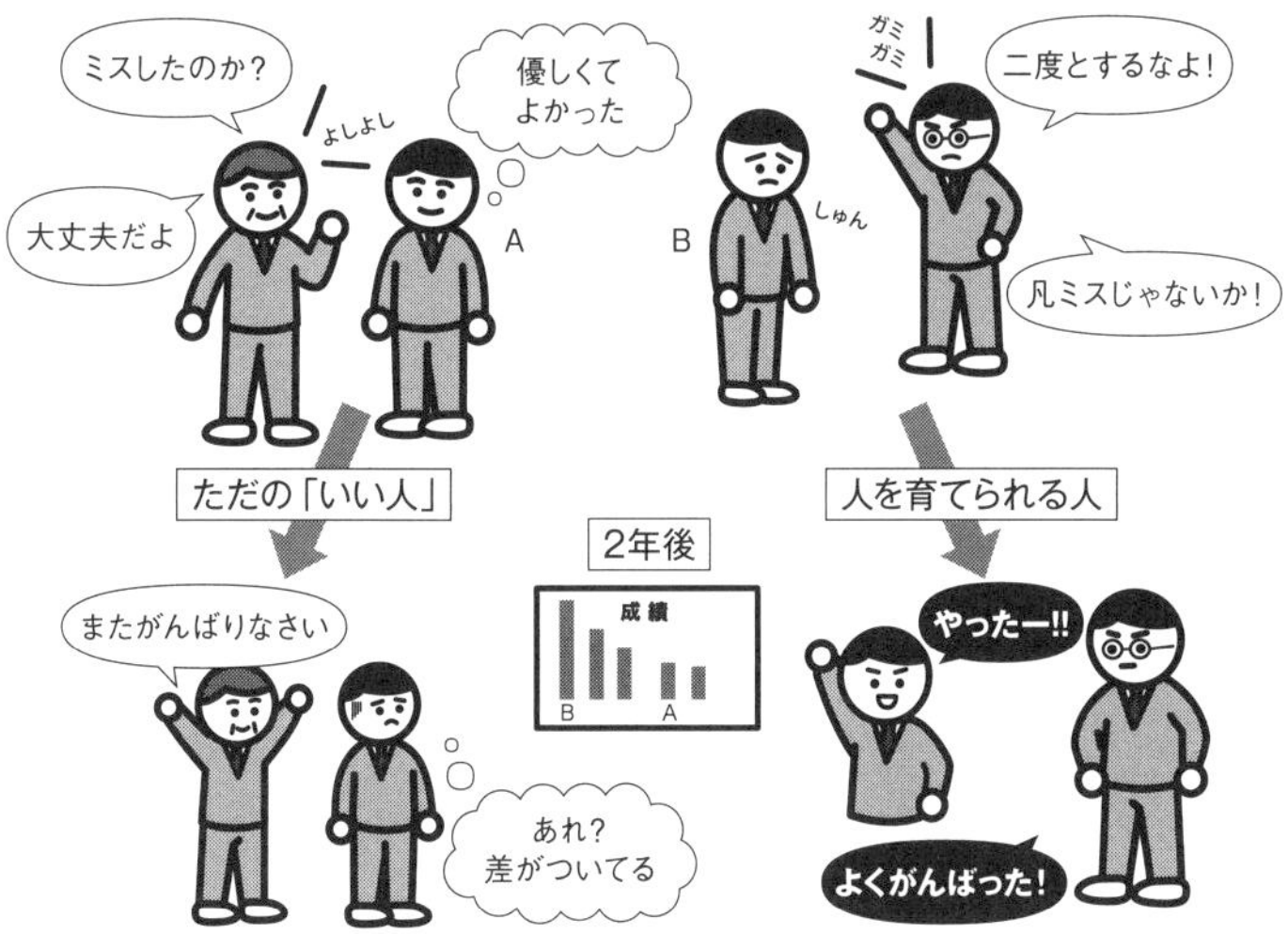

当初、Aさんは同期のことを「かわいそうだな」と思い、「自分はラッキーだ」と思っていた。

しかし2年、3年とたつうちに同期との実力差に愕然とすることとなった。Bさんにはできることが、Aさんにはできなかったからだ。

危機感を覚えたAさんは、その後、懸命に努力することでその差を埋めることができた。

しかし、その経験を通してAさんは、どんなに人当たりが良くても、部下を育てることのできない上司はダメだと痛感した。

リーダーに求められるのは「いい人になる」ことではない。「人を育てられる人になる」ことだ。このエピソードはそれを如実に物語っている。

第17話 つまらない仕事が、がぜん面白くなる「なんでも半分」の法則

「一見ムチャな目標」が人の限界を引き出す

トヨタ生産方式の導入を目指す企業が目標に掲げる一つに、「なんでも半分」がある。

在庫も半分、生産のリードタイムも半分、不良率も半分といった具合である。

トヨタ式には「なんでも半分」以外にも、一見ムチャな言葉がたくさんある。お金をかけるアイデアに対して、「ゼロを1つとれ」とか「1万円でやれ」などがそうだ。これはお金を惜しんでいるのではない。「違う視点で考えてみろ。もっと知恵を絞れるのではないか」と言っているのだ。発想を変えることで、不可能が可能になることを知っているトヨタらしい言葉である。

ただし、高い目標に挑戦する時に、忘れてはならないことがある。

たとえ未達成に終わっても「その目標を掲げなかった時よりも、はるかにいい結果がもたらされる」ということだ。

誰にでも「目標を掲げて達成できなかったらどうしよう」という心理は働く。だから、

「ムチャな目標」が不可能を可能にする

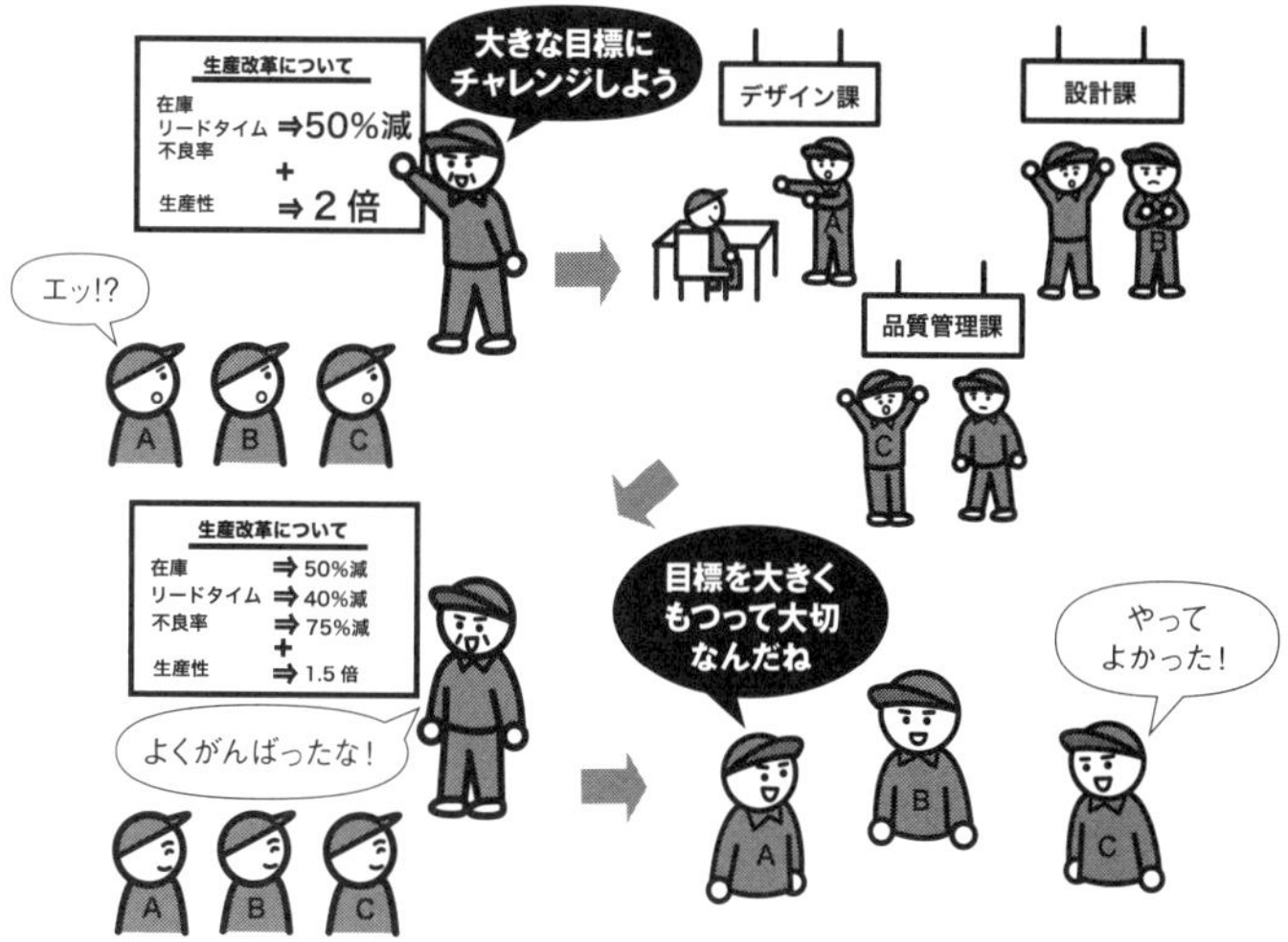

少しがんばれば達成できそうな目標を掲げがちだ。

しかし、仮に達成率90%だとしても、能力の限界まで努力することによって、数字以上のものが得られることを忘れてはならない。

自分の能力がどこまで伸びるかは、自分自身でもわからない。ましてや部下やチームとなれば、その伸びしろは無限大だ。なら、自分たちの能力を自分たちで見くびらないことだ。

「一見ムチャな目標」こそが、自分たちの能力値を最大限まで引き上げてくれる。

また、そう思ってチャレンジすることで、仕事はスゴく面白くなる。ぜひ試してみてほしい。

第18話 「まねから抜け出す」ために「とことんまねる」

「中途半端なまね」ならやめておけ!!

世間では、個性や独自性がもてはやされている。にもかかわらず、街は誰かのものまねやコピーであふれている。どうすれば個性や独自性が培われるのだろうか。

トヨタ式では、最初にものまねからスタートする。

まずは、参考になるものをどんどん取り入れる。いいと思ったものは、師匠や先輩の動作通りに、とことんものまねをする。基本を学んでいく「守」の段階である。

しばらくすると、「守」でまねてきた手法を自分に合った手法に変えていく。まねをしているうちに、ここを変えたらもっとうまくいくと気づくからだ。この段階が「破」である。

そこから絶えざる自己改革によって、自己流を確立して個性をより明確にしていく「離」に到達する。

しかし、ここで気をつけなければならないことがある。**最初の「守」の段階で満足してしまうことが往々にしてあるからだ。**表面だ

まねから入って、まねから出る

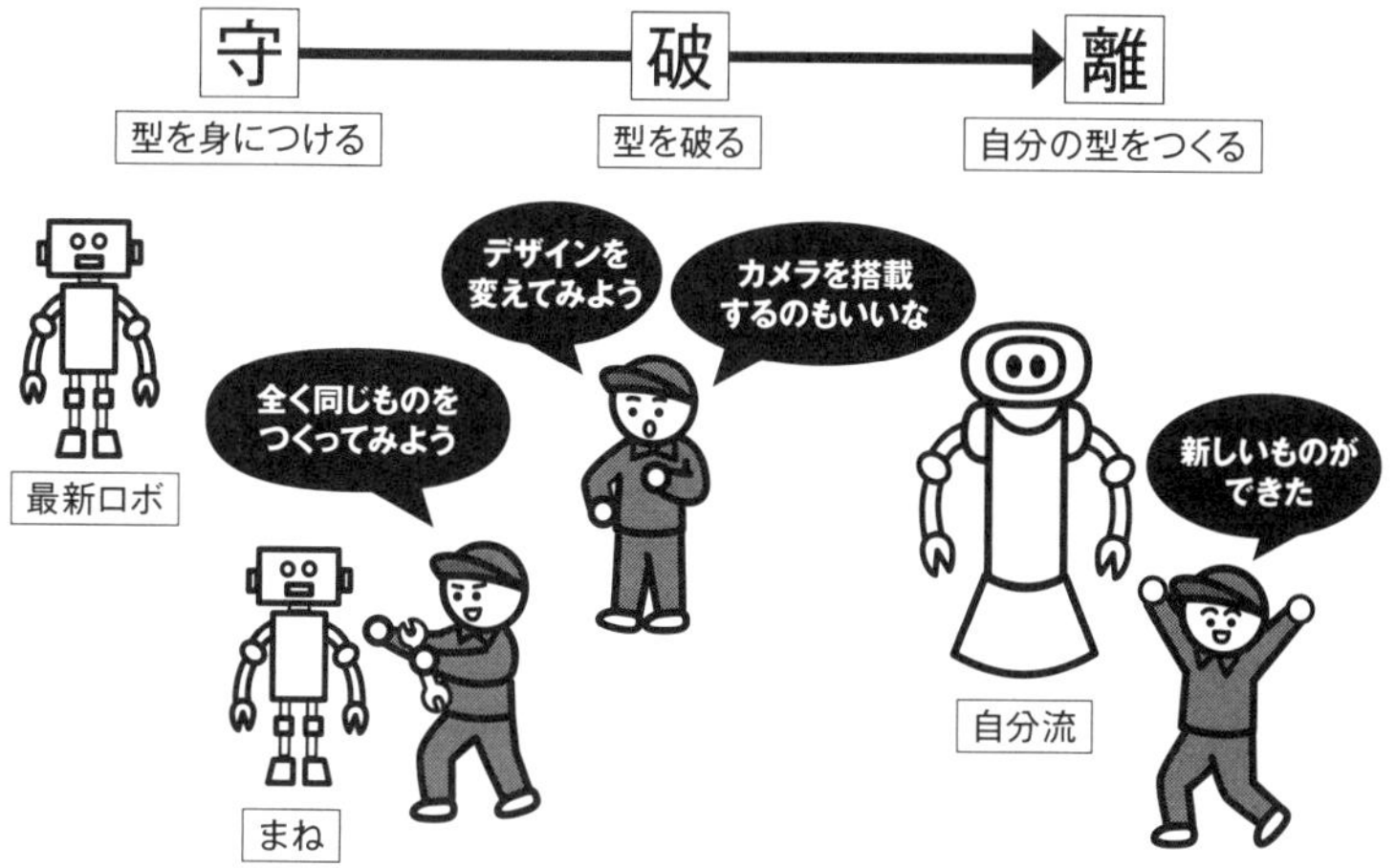
守
破
離
型を身につける
型を破る
自分の型をつくる
最新ロボ
全く同じものをつくってみよう
まね
デザインを変えてみよう
カメラを搭載するのもいいな
自分流
新しいものができた

けをコピーして、できたと思い込んでしまってはいけない。

そうならないために、**最初にとことんまねをすることが肝心だ。**中途半端ではなく、とことんまねをすることで、基本がしっかりと身につく。

やがて、こうした方がいいなということが浮かび上がってくる。そこから、**まねながらも自分の頭で考え、試し、失敗をもとに改善していくようにする。**すると、自分に合った手法を確立することができるようになり、自然と個性や独自性が生み出されるのだ。

まねから入って、まねから出る。まずはとことんまねをすることが単なるコピーで終わるか、自分流を開花させることができるかの大きな違いになる。

第19話 意見が割れたら両方「やってみる」

議論に時間をかけ過ぎると、問題解決が先送りされる

甲乙つけがたい2つのアイデアが出て、どちらにすべきか結論がなかなか出ない時はどうすればいいのだろうか?

会議の主催者なり責任者なりが、責任をもってどちらかに決めるというやり方もあれば、保留しておいて、後日もう一度話し合うというやり方もある。

しかし、トヨタ式の考え方はどちらでもない。**「意見が2つ出たら、両方を1日ずつやってみればいい」**というものだ。

2つのアイデアがあって甲乙つけがたい時、「どちらか1つに絞る」ことにこだわり過ぎると、議論ばかりに時間がかかる。すると、肝心の問題解決が先送りされてしまう。

議論をどれだけ重ねたとしても、現場の問題を解決できなければ、現場はいつまでも困るばかりだ。それでは肝心の生産性が下がってしまう。

それよりも2つのアイデアを両方とも1日ずつやってみればいい。そしてその結果を見

甲乙つけがたい時は、両方やってみる

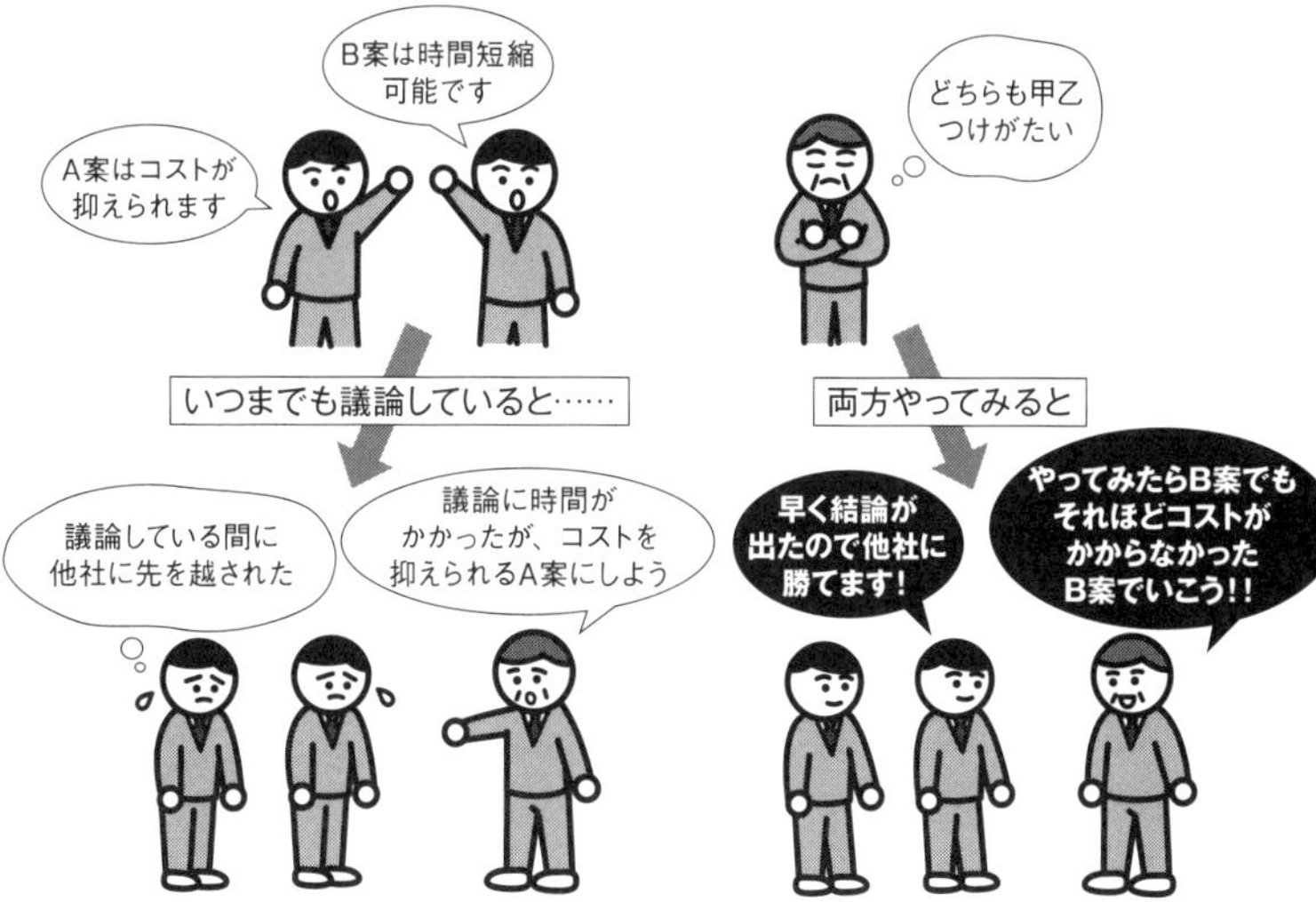
B案は時間短縮可能です
A案はコストが抑えられます
どちらも甲乙つけがたい
いつまでも議論していると……
両方やってみると
議論している間に他社に先を越された
議論に時間がかかったが、コストを抑えられるA案にしよう
早く結論が出たので他社に勝てます！
やってみたらB案でもそれほどコストがかからなかったB案でいこう!!

て、「こっちの方がいいじゃないか」と結論が出れば、採用されなかった方も納得することができる。

同じような考え方をしているのがソフトバンクだ。ある製品を販売するにあたって、販促のための5つのアイデアがあったが、どれを優先すべきかなかなか結論が出なかった。

出した答えは**「全部同時にやってみればいい」**だった。

まず1週間、すべてを実行してみる。そしてダメなアイデアを1つ2つと切り捨てて、最後に残ったアイデアに資本や人を集中したところ最高の成果につながったという。

会議で結論が出ないなら「まずやってみる」。やれば答えはすぐに出るのだ。

第20話

「空気を読める人」は「あえて」空気を読まない

より良いものをつくるために「仲の良いケンカ」をせよ

子どもの頃、親や学校の先生に「みんなと仲良くしましょう」と言われたことのある人は少なくない。ただ、社会に出てからも「みんな仲良く」をやってしまうと、大きな間違いを犯すことになる。

「仲良くしましょう」＝「ケンカをしないこと」「言い争いをしないこと」となってしまい、言いたいことがあっても言わなかったり、言いたいことを我慢するようになるからだ。それでは、チームとしては「仲が良く」ても、仕事の進め方としては問題がある。経営学者のピーター・ドラッカーがこう指摘している。

「成果が何もなければ、温かな会話や感情も無意味である。取り繕《つくろ》いに過ぎない」

真のチームワークについて、トヨタはこう考える。

「チームワークとは、単に皆が仲良く力を合わせてということではなく、より良いものをつくるために皆が意見を出し合い、意見を闘わせる。時にはケンカもする。良いと思った

あえて空気を読まない人になれ

ことはどんどん提案する。そのようにして最良と思う道を決めたら、今度は心を合わせ、力を合わせ邁進《まいしん》すること。そういうチームワークを発揮しなければならない」

これが、いわゆる「仲良くケンカする」だ。

若いトヨタ社員のAさんも、ある会合で役員が口にした**「空気を読む力はあるけれども、あえて読まない判断をする奴こそが、本当に『空気の読める奴』なんだ」**が忘れられないという。

穏やかで仲の良いチームは確かに居心地がいいものだが、そこから成果を上げていくためには、皆が言いたいことを言い合える風土が必要だ。

チームメンバーにあえて空気を読まない勇気を徹底したい。

第21話

上司に「ノー」と言われても3回は提案せよ

1回目は否定されても、2回目で少し芽が出て、3回目で認められる

トヨタの前社長・渡邊捷昭《わたなべかつあき》さんが広報課に勤務していた頃の話だ。

「素晴らしいことをやっているんだから公開しましょうよ」

と上司に、それまで非公開だった東富士研究所をマスコミに公開したらどうかという提案をした。

ところが、上司は「前例がないから」とオーケーしてくれない。そこで、技術担当役員にこう言って直談判した。

「技術の日産、販売のトヨタなんていわれて悔しくありませんか」

普通の会社なら「生意気言うな」と一喝されるか、直属の上司に「俺を飛び越して余計なことをして」と怒鳴られるところだ。しかし、渡辺さんは諦めずに提案し続けたことが認められて、公開に至ったという。

多くの企業では1度「ノー」と言われた提案を2度、3度出すことは難しい。ところがトヨタの場合、1回目は否定されても、2回

「ノー」を言われてからが本当の勝負

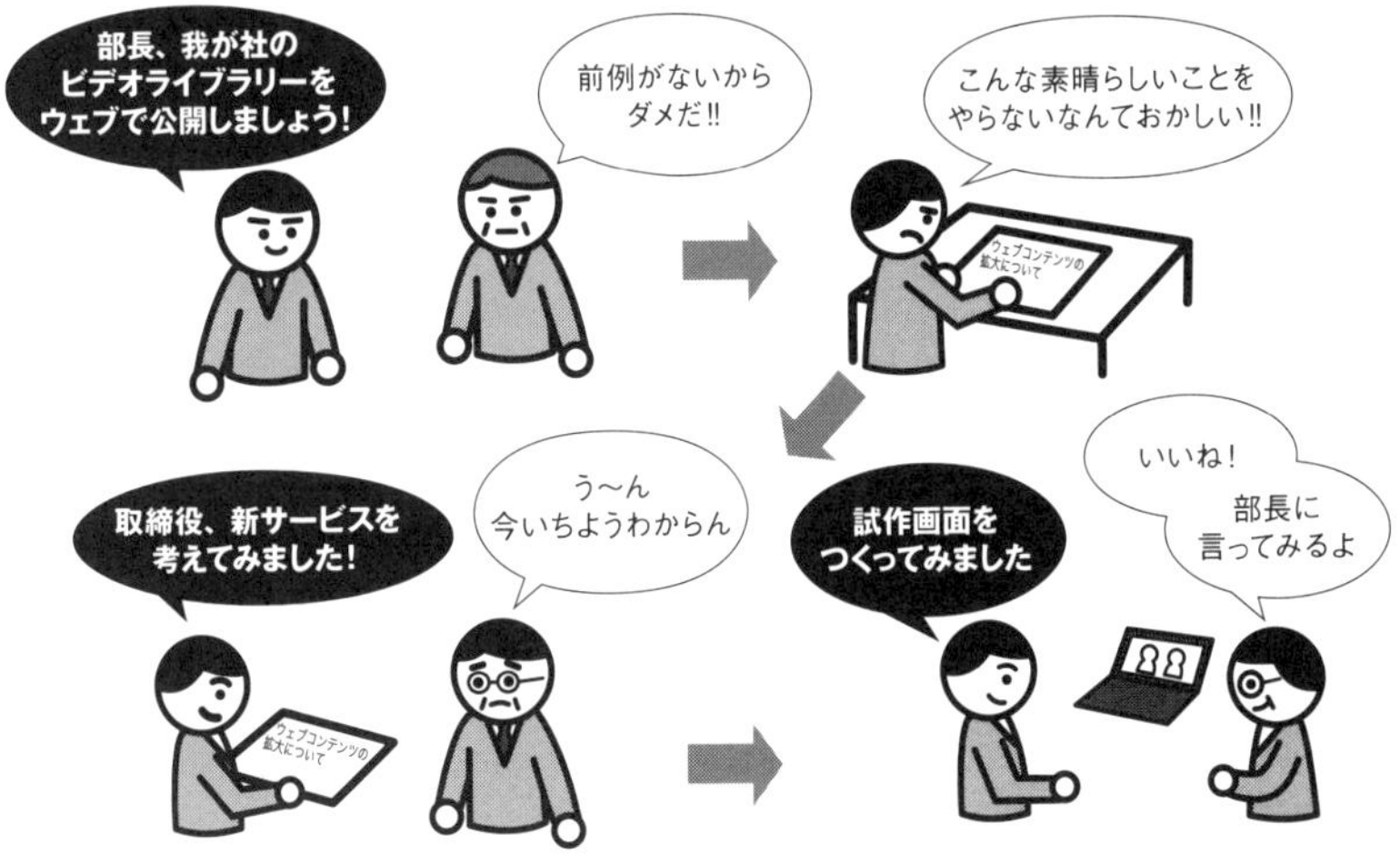

目で少し芽が出て、3回目には認められるということも珍しくない。

そして、何度目かの提案にはこんな返事が返ってくる。

「そんなに何度も提案してくるということは、よほど重要な案件なのだな。それじゃあ、一緒に考えようじゃないか」

トヨタでなくとも、本当にやりたいことがあるなら、まず自分が動くことだ。本当にやりたいことなら、1度の「ノー」に負けることなく、2度、3度と挑戦する。

その真剣さが伝われば、「そこまで言うならやらせてやるか」となるのだ。

トヨタでは、上司の1度の「ノー」、2度の「ノー」は部下の本気度を試し、「さらによく考えるように」というサインである。

第22話

困難な仕事を任された時に「やめておきます」と言うな

「困難な局面で仕事を任されるのは運がいい」と考える

企業の中で、よく売れている好調な部門と、売れないで困っている部門のどちらで働きたいかと聞かれれば、たいていの人は前者を選ぶだろう。

しかし、困難な局面の方が改善の余地は大きく、やりがいもあるから、人は育ち器も大きくなり、その人の値打ちが決まる、というのがトヨタの考え方だ。

1970年代前半のオイルショックの頃に、ものが手に入らず車も売れないという混乱状態の中、困り果てたトヨタの生産管理部長は、上司である大野耐一さんを訪ね、「こんな時はどうしたらええもんでしょう」と聞いた。

すると大野さんは、こう言って生産管理部長を励ました。

「そんなことは誰にもわかりゃせんよ。それよりむしろ運がいいと思わなあかん。この局面を自分の力で乗り切る絶好の機会じゃないか。なんとしてもやらんといかんぞ」

「困難」こそが人を育てる

売上が急落している
部の責任者になってくれ
自分の値打ちを上げられない人
ピンチをチャンスに変えられる人
なんであの部署に
異動なんだ…
お先真っ暗だ
やろう!
成長の
チャンスだ

大野さんがトヨタ式に必死になって取り組んでいた頃、その成否は大野さんにも上司にもわからなかった。とても不安なことだったが、だからこそやりがいがある、というのが大野さんの考え方だった。

もちろん結果がわからないことは、周囲から反対の声もたくさん出てくる。そんな時、自分自信を強く信じて最後までがんばるか、途中で音《ね》を上げるかで人間の値打ちは決まる。

幸いにしてトヨタは、トヨタ式という基礎工事を行っていたおかげで、第1次オイルショックを乗り切ることができた。

それに胡座《あぐら》をかくことなく、大野さんは次なる危機に備えて**「基礎工事を雨ざらしにするな」**と言い続けた。**困難こそが人を育てる、がトヨタの基礎にある考え方なのだ。**

第23話 トヨタでは結果に結びつかない努力は評価されない

途中の努力を評価すると、基準が曖昧になってしまう

「結果に結びつかなくても、途中の努力は正当に評価してほしい」は、多くのサラリーマンが人事考課に求める希望であり本音だ。

しかし、ほとんどの会社では「目標管理制度」を導入し、社員の目標達成度合いに応じて人事考課を行う。そのため、「自分は正当に評価されていない」と感じている人も少なくない。

ではトヨタは、社員の努力についてどう評価しているのか?

「評価の対象は結果だけであり、途中の努力を評価の対象にしてはいけない」は、大野耐一さんの言葉だ。

当初この言葉には大きな反発もあった。しかし大野さんは、**「企業は結果だけだ。へたに変なことをやられて、会社が儲からないなら、遊んでいてくれた方がいい」**と言って、一顧だにしなかった。

トヨタ式では「実際に原価が安くなるか」「実際に業績に結びつくか」が大切だ。例えば、

評価すべきは「努力」ではなく「結果」

「努力」を評価するリーダー
結果は出ませんでしたが努力は認めてください!!
確かにね
3年後
あれれ
会社の業績が良くないぞ
「結果」を評価するリーダー
結果は出ませんでしたが努力は認めてほしいです!
ダメだ!
結果を出せ!
3年後
結果を出せてよかった!!
会社もチームも好調だ!

工場の生産ラインごとに「日々収支」を出し、毎日の利益を厳しく問う。

改善の一つひとつもコスト計算をする。スペースはいくら、部品はいくら、人件費はいくら、とすべて数字ではじき出す。

トヨタ式は改善を重視しているが、原価が安くならない、業績に結びつかない改善など決して認めない。どれほど本人が知恵を出しがんばっても、その2つに結びつかなければなんの意味もないのだ。

もし「途中の努力」を評価するとなると、基準は曖昧で、ともすればえこひいきが助長され、正当な評価からは程遠いものになってしまう。であれば、結果に対する厳しさをもち、仕事の質を高めることに注力した方がいい。

第24話

「偶然の成功」を「必然の成功」に変える技術

「たまたま成功した」をなくすと、真の成長がやってくる

かつてイチロー選手が、デビュー当時の自分とメジャーリーグで活躍する自分を比べてこんなことを話していた。

「デビュー当時は、なんで打てるのかが説明ができなくて、どちらかというと体に任せているようなところがありました。（中略）しかし今は、なぜ打てるかが説明できます。ヒットが出ることと自分が満足するのは別で、どうやってヒットを打ったかが問題なのです。たまたま出たヒットでは何も得られません」

一流選手の自分への厳しさに驚くとともに、偶然の成功に満足せずに考え抜くからこそ、一過性ではない高い成績を残せるのだと思った。

トヨタ式も「偶然の成功」に頼ることはしない。**トヨタでは、失敗に対して「なぜ失敗したのか」と真因を探り改善すると同時に、成功に対しても「なぜ成功したのか」を追求し、偶然の成功では終わらせないのだ。**

ある販売会社の社長に就任したトヨタマン

偶然を必然に変える人が成功し続ける

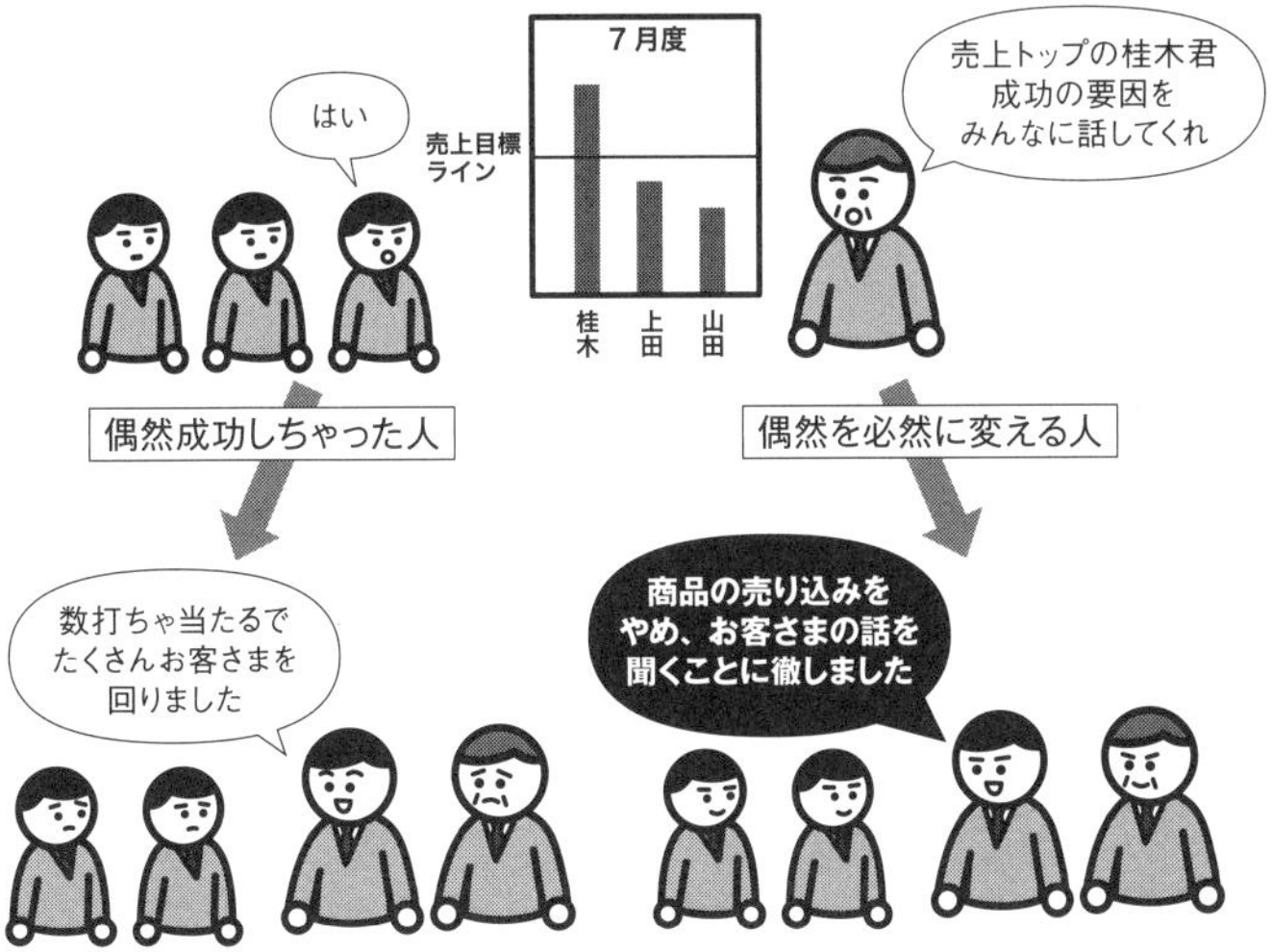
7月度
売上目標ライン
桂木
上田
山田
売上トップの桂木君
成功の要因を
みんなに話してくれ
はい
偶然成功しちゃった人
偶然を必然に変える人
数打ちゃ当たるで
たくさんお客さまを
回りました
商品の売り込みを
やめ、お客さまの話を
聞くことに徹しました

は、営業の手法が偶然に左右され過ぎていることに愕然とした。ひたすら飛び込み営業を繰り返し、いいお客さまに当たるまで闇雲に続ける。「どうすれば売れるのか」をつかんでいないため、個人の力量やセンスによって成績にもバラつきがあった。

そこで、お客さまとどんな話をしているのか、どこでお客さまの満足度が高かったのかを分析し、成約成功のポイントを共有した。すると多くの社員が安定した成績を収められるようになった。

仕事というのは、とかく「がんばれ」という精神論に向かいやすい。しかし、それではできる人とできない人の差が開くばかりだ。成功のプロセスを分析し、どこが良かったのかを理解すれば大きく成長できる。

第25話

「なぜ」を5回繰り返して真因が見つからない時はこう考える

「5回でいい」ではなく「見つかるまで探せ」

トヨタ式を代表する言葉に「『なぜ』を5回繰り返せ」がある。問題が起きた時、パッと見てわかる「原因」ではなく、その奥にある「真因」を見つけ出し改善を行うことで、根本解決が図れるという考え方だ。

若いトヨタ社員のAさんが、協力会社でトヨタ式の指導を行っていた時の話だ。「トヨタかんばん方式」〈後工程で部品を使用した際、前工程にかんばん〈板切れ〉を送るトヨタオリジナルの生産方式〉を導入したものの、慣れないせいか、かんばんの紛失が相次いだ。困ったAさんは、かんばんを捜すのではなくかんばんを増発して対応をした。

それを知った大野耐一さんは激怒した。かんばんの増発はつくり過ぎのムダを生む恐れがあったからだ。

「捜してこい」と命令されたAさんだったが、何時間捜しても見つからない。仕方なく報告に行くと、「1時間や2時間捜したくらいで『ありません』とは何事か」とまた怒鳴られた。

「真因」を見つけるコツは「仕事への執念」

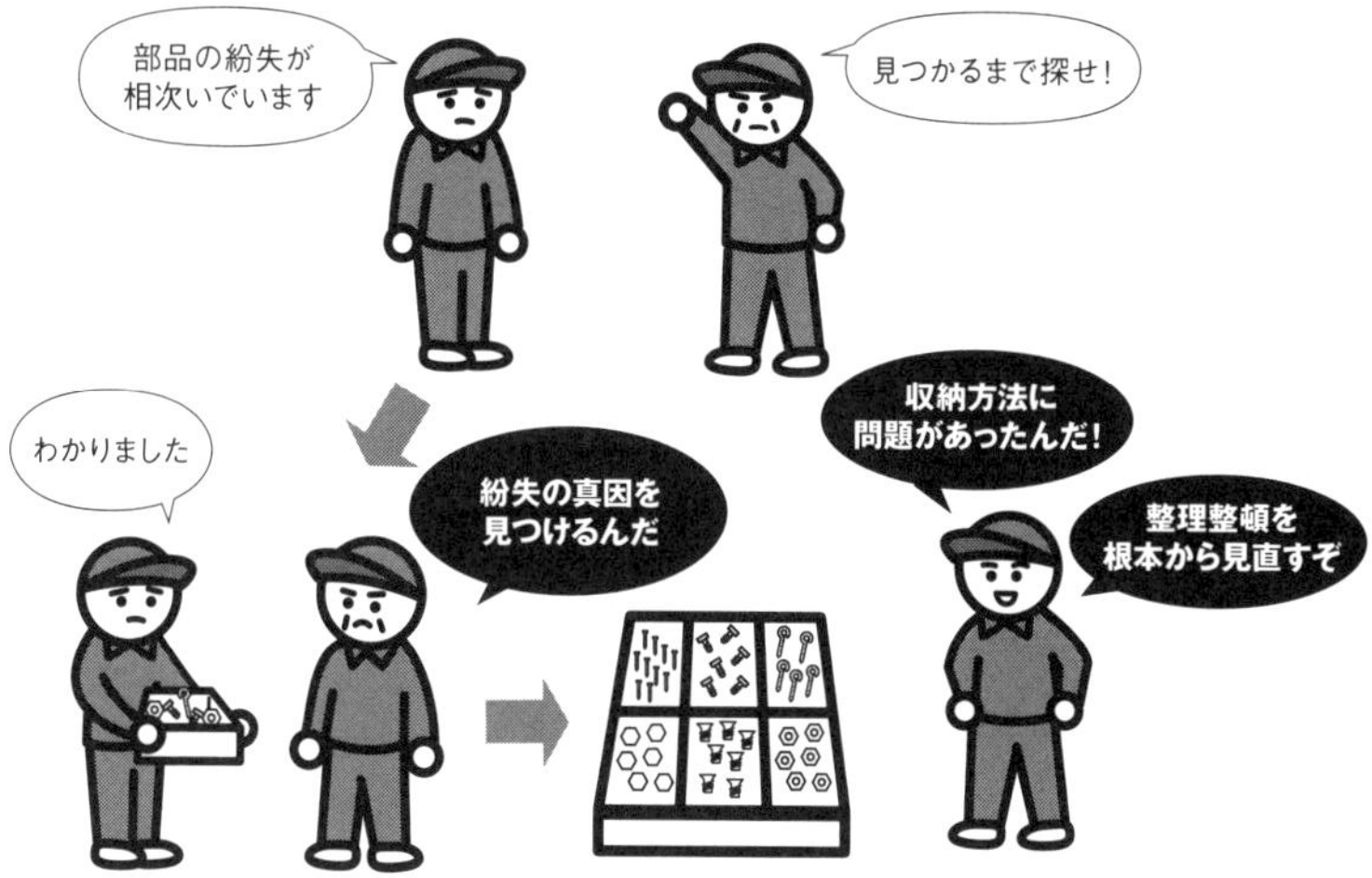
部品の紛失が
相次いでいます
見つかるまで探せ！
わかりました
紛失の真因を
見つけるんだ
収納方法に
問題があったんだ！
整理整頓を
根本から見直すぞ

しかし、いくら探しても見つからない。困り果てたAさんが3度目の相談に行くと、大野さんはこう言った。

「なぜ見つからないかわかるか？　そんなものは簡単だ。見つかるまで捜していないだけだ」

Aさんは再び捜しまわり、ようやく部品を入れたケースの底に張り付いているかんばんを見つけた。ケースを重ねる際、蓋に貼ったかんばんが、剥がれて底に付いてしまっていたのだ。Aさんはかんばんの貼る位置を工夫することで、二度と紛失しない対策をとった。

真因を見つけるには「このくらいでいいか」という気持ちを捨てることだ。**大野さんがAさんに教えたかったのは「諦めない心」、つまり「仕事への執念」だった。**

第26話 仕事が進まない理由を「ツール」のせいにするな

「メールの返信がない」「LINEの既読がつかない」は仕事をしない言い訳

かつては当たり前のように使われていた電話を、敬遠する人が増えている。理由は、電話をかける側は自分の都合でかけられるが、受ける側は不意打ちを食らったようになり、出ると一方的に時間を奪われてしまうからだそうだ。それなら、送った相手が自分の都合に合わせて見られるメールの方が、好ましいと考える人が増えているらしい。

また、見知らぬ人との電話には不慣れな社員が増えているそうだから、メールの方が都合がいいのかもしれない。

若いトヨタ社員のAさんも、取引先とのやり取りは、すべてメールで行っていた。毎回、ビジネスマナーをわきまえた丁寧な文面を送り、相手の返事を待ってから次のアクションを起こしていた。記録も残り「言った言わない」も起きないため、このやり方を続けていたが、ある時、返事が遅い相手がいて、仕事が進まないことがあった。

上司に事情を説明したところ、たったひと

目的は1つでも、手段はいくつもある

他の手段を考えようとしない人
メールしておけば夜には返信がくるだろう
おかしいな返事がこない
仕事が進まない
いくつも手段を考えられる人
メールの返信がこない
どうしたんだろう
電話してみよう
出なかったらメッセージを残そう

言**「そんな面倒なことをしないで、さっさと電話しろ」**と言われてしまった。

相手の時間に配慮するのは大切なことだ。ただ、**自分の時間も大切にする必要がある。**

電話でも、相手は都合が悪ければ出なくていいし、着信履歴を残せば、相手の都合のいい時にかけ直すことができる。

「連絡はメールで」という固定観念に縛られ過ぎると、肝心の「結果を出す」という目的が後回しになってしまう。

そのことに気づいたAさんはそれ以来、目的に応じてツールを使い分けるようになった。**目的は1つでも、手段はいくつもある。仕事が進まない理由を相手のせい、メールのせいにしてはいけないのである。**

第27話「昨日のことは忘れろ、明日のことは考えるな」

「今この瞬間に全力を尽くす」が、すごいところに行くコツ

トヨタ式改善で大切なことの一つは、**「日々改善」である。**今やっているやり方に決して満足することなく、日々「より良く、より速く、より安くを追い求めてこそ成長し続けることができる」という考え方だ。

しかし、これは現実にはとても難しい。

例えば、トヨタ式をベースとする生産改革に踏み切ったA社の話だ。

改善は順調に進み、1年余りで赤字脱却を果たして黒字化した。素晴らしい成果であり、素晴らしいがんばりだった。ところが、黒字が出た途端、A社のトップも、現場の人たちもすっかり満足してしまったのだ。

「自分たちは十分にがんばったからもういいだろう」という達成感、安堵感《あんどかん》からきたものだった。

確かに生産改革や改善というのは楽しいことばかりではない。自分たちの慣れたやり方を変えていくことはしんどいし、失敗もする。

それだけに結果が出ると、つい「もういい

油断するな。今ここに集中せよ

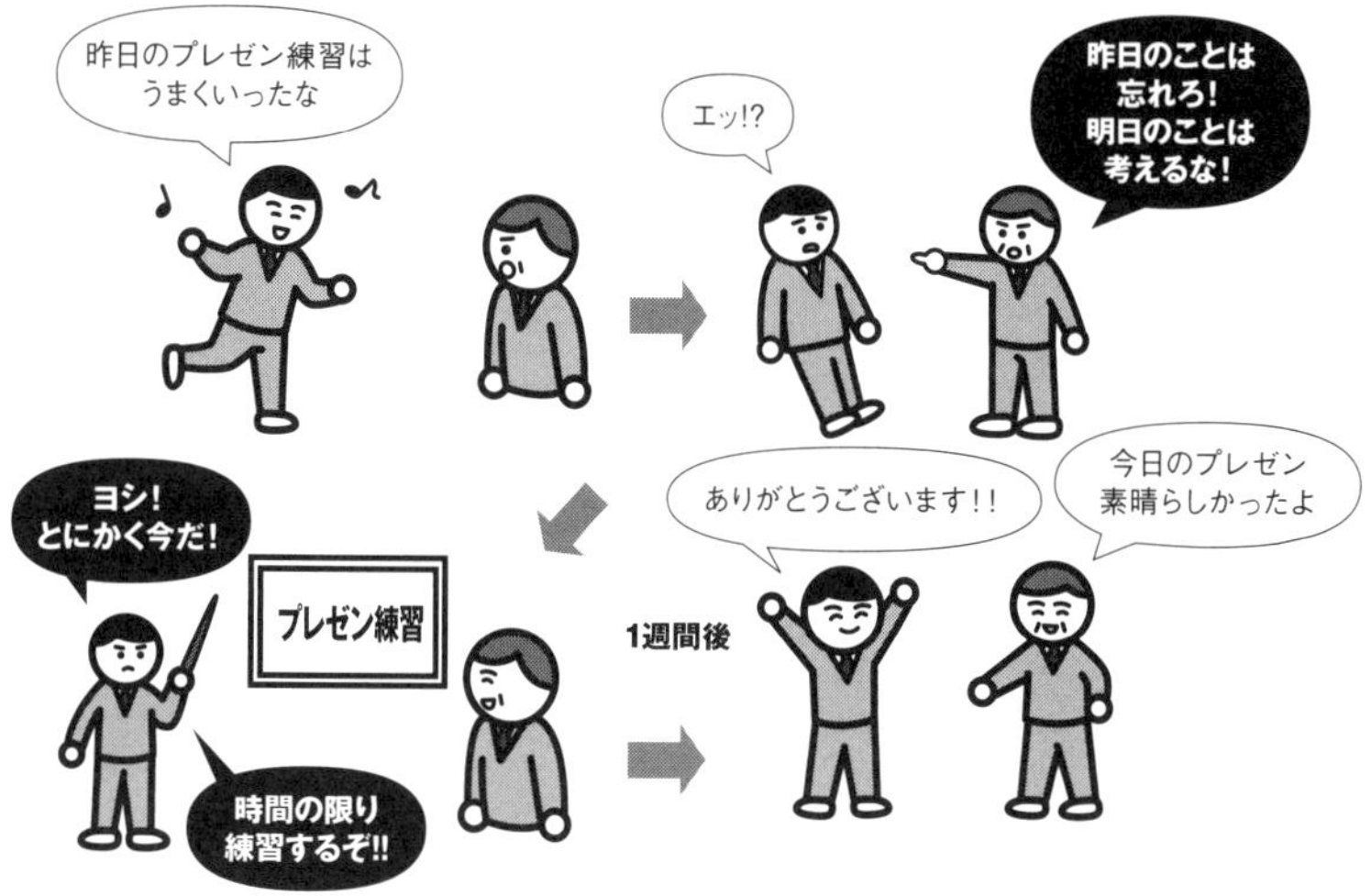
昨日のプレゼン練習は
うまくいったな
エッ!?
昨日のことは
忘れろ!
明日のことは
考えるな!
ヨシ!
とにかく今だ!
プレゼン練習
時間の限り
練習するぞ!!
1週間後
ありがとうございます!!
今日のプレゼン
素晴らしかったよ

だろう」となるのも仕方のないことだ。

しかし、ここで「もういいや」となるか、「まだまだ」となるかで2年後、3年後に大きな差が生まれることになる。

若いトヨタ社員がかつてよく言われたのは、**「昨日のことは忘れろ、明日のことは考えるな」**だ。昨日と比べて今日はこんなに良くなったと満足してしまうと、それ以上の知恵が出なくなってしまう。

昨日のことは考えず、今日のことに全力を尽くす。「昨日より今日、今日より明日」の積み重ねで、気がつけばすごいところにきているというのがトヨタ式だ。

継続は力であり、高みにいくための最善の方法でもある。

第28話 問題解決で大切なのは「修繕」ではなく「修理」

対症療法的な処置は、同じ問題を引き起こすだけ

トヨタ式改善で最も大切なことの一つは、問題を前にしたら、「『なぜ』を5回繰り返せ」の自問自答だ。

大野耐一さんの、機械が動かなくなった時の「5回のなぜ」について紹介しよう。

①なぜ機械が止まったか?→オーバーロードがかかって、ヒューズが切れたから②なぜオーバーロードがかかったのか?→軸受部の潤滑が十分でないから③なぜ十分に潤滑しないのか?→潤滑ポンプが十分汲みあげていないから④なぜ十分汲みあげないのか?→ポンプの軸が摩耗してガタガタになったから⑤なぜ摩耗したのか?→ストレーナー（濾過器《ろかき》）がついておらず、切粉が入ったから。

仮に①の「なぜ」で終わっていれば、「ヒューズを取り替える」という対症療法的な処置になってしまい、根本原因の解決に至っていない。

「ヒューズを替える」でとりあえず機械は動くものの「ストレーナーがついておらず、切

「修繕」でごまかすな！「修理」で根本解決せよ！

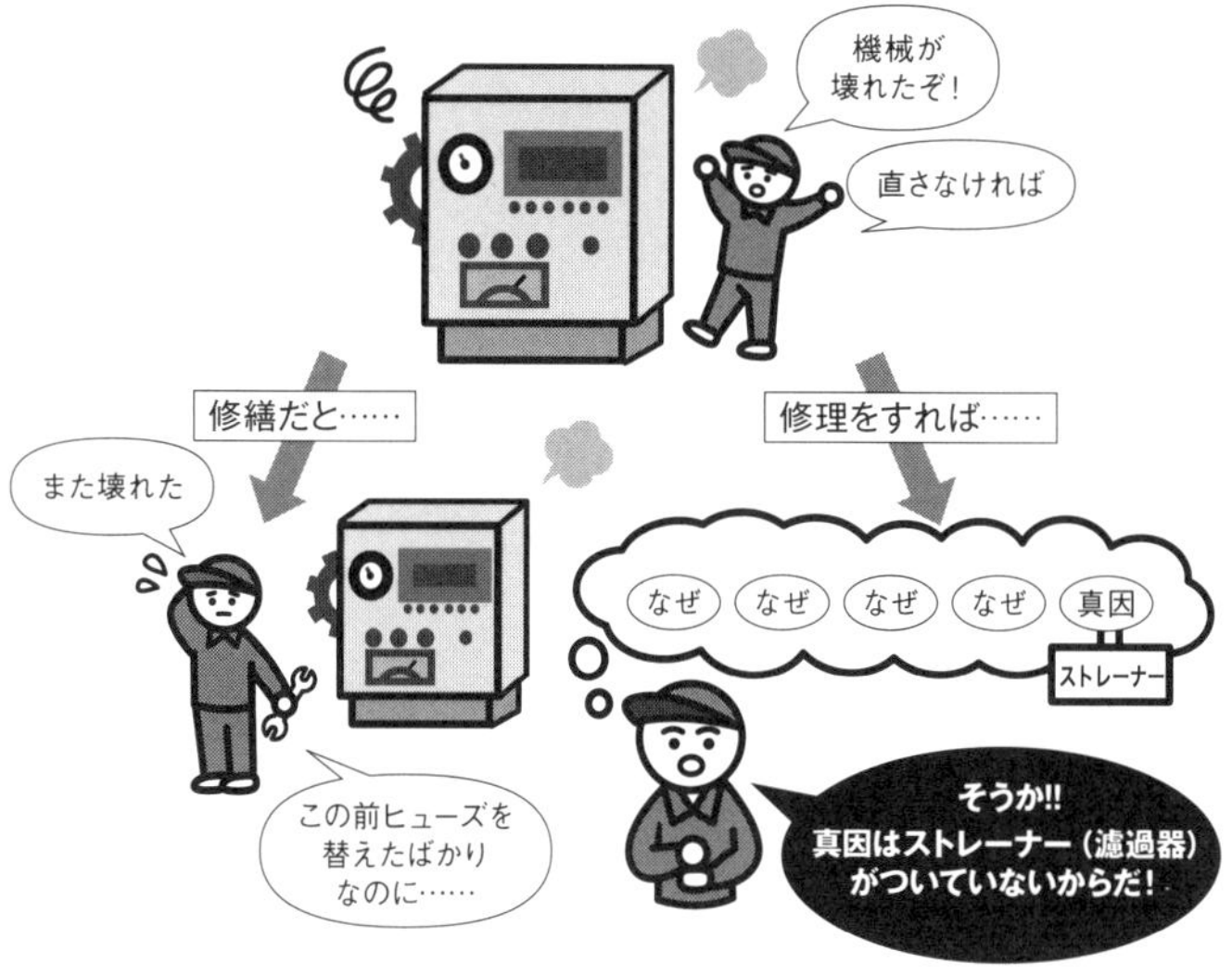
機械が
壊れたぞ！
直さなければ
修繕だと……
修理をすれば……
また壊れた
この前ヒューズを
替えたばかり
なのに……
なぜ
なぜ
なぜ
なぜ
真因
ストレーナー
そうか!!
真因はストレーナー（濾過器）
がついていないからだ！

粉が入ったから」という「真因」が改善されていないため、しばらくすると再び「ヒューズが切れる」ことになるのだ。

このような「ヒューズが切れたから取り替える」的な処置は、トヨタでは「修繕」であり「修理」ではない。

「修繕」では、いつまでたっても同じ故障が起き、いずれは大きな故障につながることもある。

そこで**「なぜ」を繰り返して「真因」を見つけ出し潰す、つまり「修理」こそが本当の解決になるというのがトヨタ式だ。**

その場限りの修繕に逃げず、大変でも常に修理を心がける。これがトヨタの「『なぜ』を5回繰り返せ」の真意である。

第29話

上司に問題点を指摘する時は必ず対案を用意せよ

問題点を指摘するだけなら、ただの「文句屋」

初代クラウンを開発し、「大主査」の異名をとったトヨタ自動車元顧問の中村健也《なかむらけんや》さんが、社員食堂で役員A氏と議論した時の話だ。

中村さんは大声を出し、A氏もカッカしていた。その声が聞こえたのか、当時副社長だった豊田英二さんがやってきて、A氏にこう言った。

「あのね、中村は3ヶ月も前からそのことを考えているんだから、君が思いつきで言ってはダメだよ。中村にやってもらわないと会社が困るから、頼むしかないだろう」

その上で英二さんは、今度は中村さんにこう言った。

「いいか中村。議論に勝ったところでなんの意味もないだろう。仕事が終わるわけでもない。その仕事は会社としてやらなくてはいけないんだから頼むよ」

それを聞いた中村さんは「上との議論に勝つことに熱中していた自分は間違っていた」と反省したという。

「文句屋」になるな。「提案屋」になれ

それはできません！
人員をもっと減らせないか
君は反対するなら具体策を出しなさい
君は思いつきで発言するのをやめなさい
具体策を考えました
具体策
前向きに議論しよう

トヨタでは「対案なしの反対」や「思いつき発言」を嫌う。大野耐一さんもこう諌《いさ》めている。

「具体的な対策なしに、例えば『ムダを省ける』とか『あなたのところは倍も人がいる（ので半減できる）』とか言っても、相手は信用してくれない」

仕事で問題点を指摘するのは、さほど難しいことではない。どんなに完璧に見えても、問題点の1つや2つは必ず見つかるものだ。重要なのは、**問題点を指摘する際、自分なりの対案が出せるかどうか。**

上司に仕事の問題点を訴える時は、必ず対案を出すことだ。その繰り返しが上司との信頼関係を育んでいく。

第30話 「最新」が「最高」とは限らない

古いものをギリギリまで使うと知恵が出る

ものづくりの世界でロボットが流行し始めた頃、大野耐一さんは「ロボットをうっかり導入するといけません」としょっちゅう言っていた。そこから「大野はロボット嫌いだ」といわれるようになったが、真意は違っていた。

ロボットそのものは便利なものだ。ただし、「流行でロボットを入れるだけで、かえって原価を押し上げるだけで、特に中小企業の方はよく考えた方がいいですよ」という警鐘だった。

ロボットに限らず、最新鋭の機械が出ると、すぐに飛びつく会社がある。新しい機械がでんと置いてあると見栄えはいいし、仕事はどんどんはかどる気がする。

ところが、どんなに最新鋭の機械を導入しても、ものが売れなければ意味がない。機械を入れた分だけ原価が上がった、では商売にならないのだ。

多少古い機械でも、改善に改善を重ねて使えば、十分な働きが可能だ。

「新しいもの」に飛びつく前に「古いもの」を見直せ

ただの「新しいもの」好きは首を絞める
最新鋭の機械を取り入れたぞ
利益が前年比でマイナスです
新しい機械を入れて原価が上がってしまった
「古いもの」を見直せば知恵が出る
わかりました
新しい機械を入れる前に古い機械を点検しよう
使い方を工夫すればまだこの機械は使えます
ムダな出費がなくなったな！

創意工夫をして最終最後に新しい機械を入れる。そうしてこそ、最新鋭の機械を十分に使いこなすことができるのだ。

これは個人であっても同じだ。

最新のパソコン、車、勉強法に飛びつく人。流行の資格、会社、職種に目移りする人。そういう人は常に**「何のために」「何に」使うのか、「費用に見合う効果」は得られるのか、をきちんと考える必要がある。**

流行に敏感なことは悪いことではない。だが自分でアイデアをひねらず、流行ばかり追いかけても、実が伴わなければ意味がないということだ。

古いものをギリギリまで使うと知恵が出る。その知恵が最新を最高に活かすのだ。

第31話

あえて厳しい局面に身を置ける人は限りなく成長できる人

人は困難な状況に追い込まれると、無限に知恵を出せるようになる

世の中には、なぜか赤字部署の立て直しや、子会社の経営再建など、問題山積の現場にばかり派遣される人がいる。

トヨタマンA氏は、若い頃に子会社の再建メンバーとして成功し、ほどなくして海外工場の建設に一から携わった。さらにその後、苦境に陥った子会社の立て直しを命じられた。

そこで目の当たりにしたのは、その子会社の不況の原因が、他ならぬA氏の携わった海外工場にあったことだった。

たいていの人ならば避けたい仕事である。なぜ自分がこんな「貧乏くじ」を引かなければならないのかと思うところだ。

しかし、A氏はそうは思わなかった。責任の重さを感じながらも「いいものをきちんとつくる力をもった会社であれば、方向性さえ間違えなければきっとなんとかなる。社員一人ひとりがやる気になれば、人間の力はすごいもので、必ず再建できる」と考えた。

「厳しい局面」は貧乏くじどころか大当たり

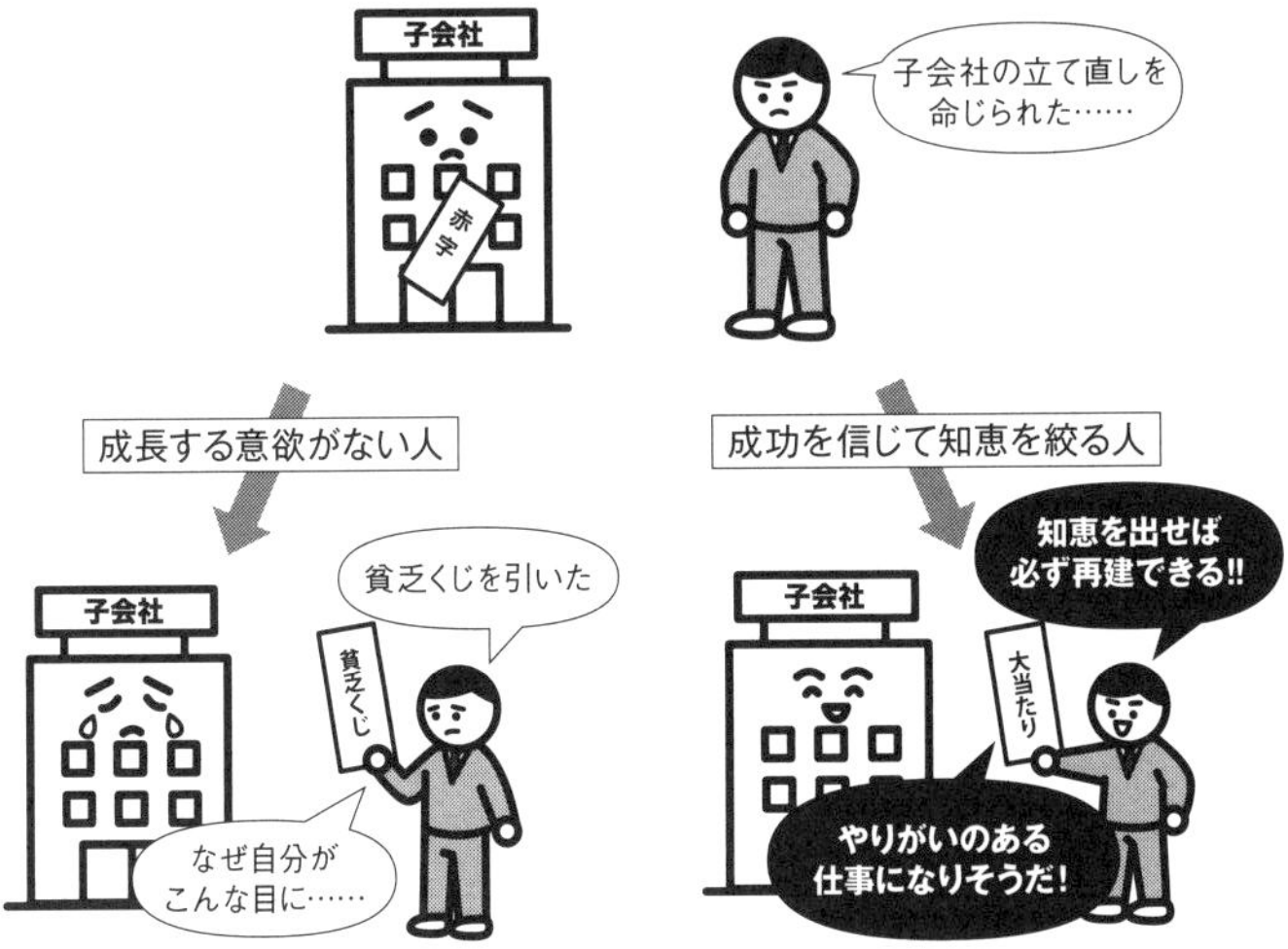
子会社
赤字
子会社の立て直しを命じられた……
成長する意欲がない人
成功を信じて知恵を絞る人
子会社
貧乏くじを引いた
貧乏くじ
なぜ自分がこんな目に……
知恵を出せば必ず再建できる!!
子会社
大当たり
やりがいのある仕事になりそうだ!

そして、一度も赤字を出すことなく再建をやってのけた。決してA氏はリストラや経費削減に躍起になったわけではない。前述の言葉通り、働いている社員一人ひとりの可能性を引き出し、何より問題のある現場に立つことにやりがいを感じていたのだ。

「自分を必死の場所に置け」とは大野耐一さんの言葉だ。

知恵は困らなければ出てこない。課題の多い現場では、どうすればいいものを安くつくれるかを必死になって考える。

もし選べるとするならば、率先して困った状況に身を置いて、必死に知恵を出してみるといい。自分を必死の場所に置くことは決して貧乏くじではないのだ。

第32話

失敗からは学べ。ミスは繰り返すな

「ミス」と「失敗」は似て非なるもの

トヨタ式では「努力し挑戦したが、失敗した者」は叱らない。「新しいアイデアを生む努力をせず、挑戦しない者」を叱る。

そして、常に変化と失敗を恐れずチャレンジし続ける。そうした姿勢が新しいものを生み出す原動力になる。

それでも人だから失敗したら落ち込む。**そんな時こそ「失敗を楽しむ」くらいのゆとりをもちたい。**

エジソンの「失敗ではない。うまくいかない1万通りの方法を発見したのだ」ではないが、それくらい前向きな気持ちをもつと、失敗さえも楽しくなるかもしれない。

ただ、その時に気をつけなければいけないことが2つある。

1つ目は、**「失敗から学ぶ」ことだ。**失敗を「運が悪かった」のひと言で片づけてしまうと、失敗は失敗のまま終わる。トヨタ式の「『なぜ』を5回繰り返す」で、失敗の真因を突き止め、同じ失敗を繰り返さないようにす

「失敗」と「ミス」は違う

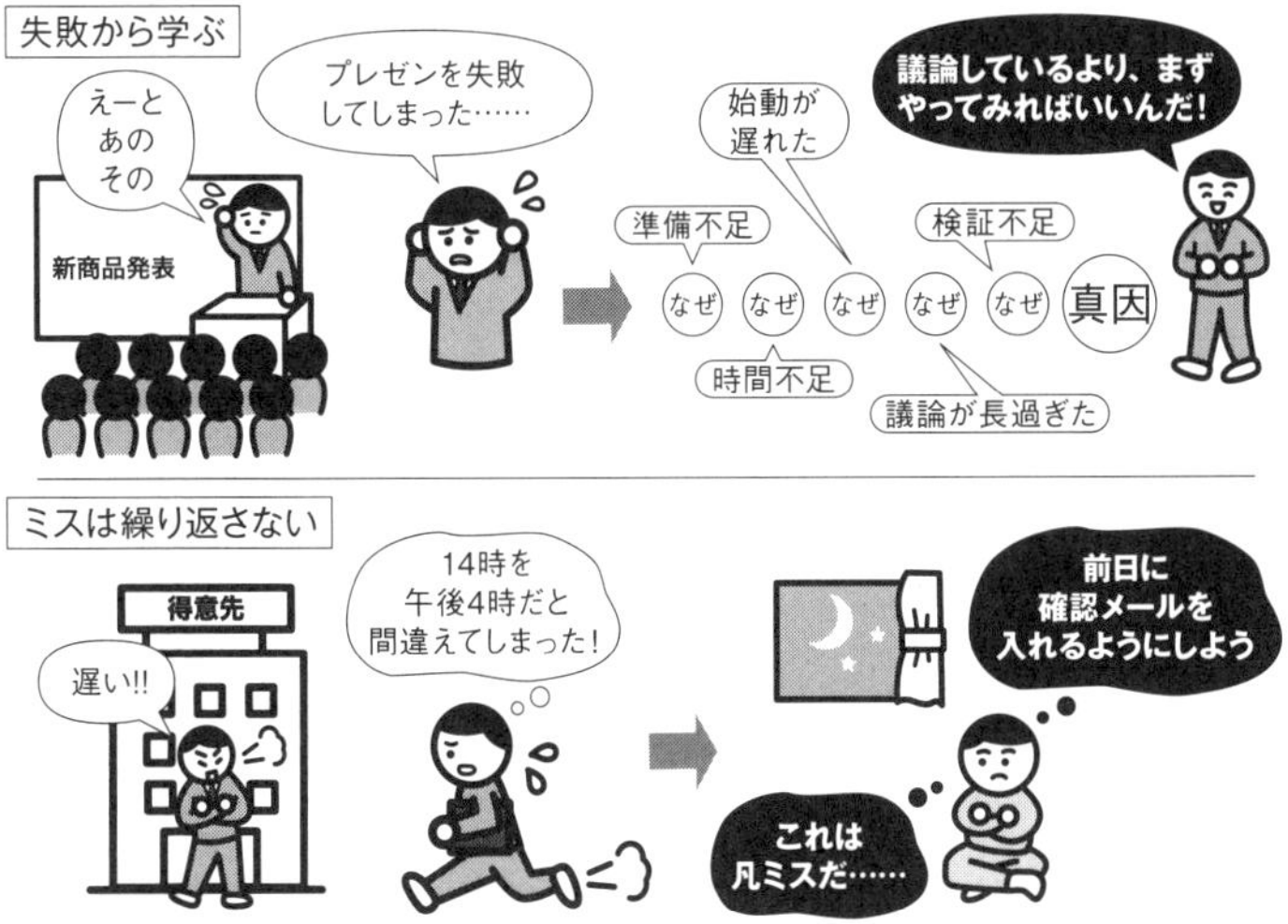
失敗から学ぶ
えーと
あの
その
新商品発表
プレゼンを失敗
してしまった……
準備不足
始動が
遅れた
時間不足
検証不足
議論が長過ぎた
なぜ
なぜ
なぜ
なぜ
なぜ
真因
議論しているより、まず
やってみればいいんだ！
ミスは繰り返さない
得意先
遅い!!
14時を
午後4時だと
間違えてしまった！
前日に
確認メールを
入れるようにしよう
これは
凡ミスだ……

る。それがあれば失敗は改善のもとであり、成功するためのプロセスとなる。

2つ目は**単純なミス、いわゆる「凡ミス」は失敗ではないという認識をもつことだ。**不注意から起こったケアレスミスやきちんと対策を打っておけば防げたミスは、単純なミスであり失敗ではない。あくまで、新しい改善やアイデアにチャレンジしてうまくいかなかった場合が「失敗」であり、単なる「ミス」は「失敗」にはあたらない。

ましてや「ミスもたまにはいい」といった誤ったゆとりをもつ人は、同じミスばかり繰り返すことになる。

何が「失敗」で何が「ミス」なのか。しっかり見極めて、失敗した時は、成功へのプロセスだと気持ちを奮い立たせよう。

第33話

「できるか、できないか」ではなく「やる」と決める

心の中の「できない言い訳」に耳を貸さない

簡単にはできそうもない難題を前にした時、つい口にしてしまうのが「できない言い訳」だ。しかし、できない言い訳がいくら上手になったとしても、目の前の難題が消えてなくなるわけではない。そんな時、どうすればいいのだろうか?

トヨタはもとをたどれば、豊田佐吉《とよださきち》さんの始めた自動織機会社に端を発している。

そこから長男の豊田喜一郎さんが「これからの時代は自動車だ」と考え、名だたる財閥企業さえも手をつけようとはしなかった自動車産業への挑戦を始める。

それは、一方で佐吉さんの築き上げたトヨタグループを存亡の危機に陥れかねない無謀な挑戦だった。後にその当時の喜一郎さんの心境について、いとこの豊田英二さんはこう話している。

「本人（喜一郎）は『無鉄砲じゃない。オレには成算があったんだ』と言っていたよ。無鉄砲だと思う奴は知恵がないんだ。今でも一

「できる、できない」ではなく「やる」と決める

できるかな～
できないかな～
難題
「言い訳」ばかり探す人
「やる」と決めて前に進む人
できる方法を
探せばいいのに
やっぱり無理だ
できない
できない　できない
できない
やるといったらやる!
「どうやるか」
だけなんだ
難題

度『駄目だ』という答えを出してしまうと、その後は、見直して、やれる方法はないかと探すより、駄目という資料ばかり集めてくる。喜一郎は、自分でまずやると決めた。だから、その後検討するものは、『やれるかやれないか』ではなく、『どうやるか』だけなんです。やるという強い意欲で、壁を突き破って前へ行く道を見つけ出したんだと思う」

「できない」と思い込んでしまうと、「できる」はずのこともできなくなってしまう。

大切なのは、**「できるかできないか」に多くの時間を割くのではなく、「できる」「やる」と決めてしまうことだ。**

そして、自分の心の中の「できない言い訳」に耳を貸さなければ、やがて「どうすればできるか」だけを考えるようになる。

君、目いっぱい叱られたことはあるか？

父・豊田章一郎さんから厳しい言葉を浴びながら、トヨタに入社した豊田章男さんですが、よくあるエリート部署に配属されて、大切に育てられて順調に出世するという道筋は通っていません。

むしろ章男さんを鍛えるためか、様々な部署、様々な仕事を経験させられています。ただそれは章男さんの希望でもありました。

最初の配属は、元町本社工場の経理部の予定でしたが、「せっかくトヨタに入ったのだから、工場勤務から始めさせてほしい」と章男さん自身が申し出たことで、最初の配属は元町工場の工務部になります。その時、章男さんの上司を務めたのが、トヨタ式の基礎を築いた大野耐一さんの弟子の一人・林南八さんでした。

トヨタ生産方式を最もよく知るトヨタ社員の一人である林さんは最初に章男さんに**「君、目いっぱい叱られたことはあるか」**と尋ねたといいます。その時、章男さんが「ありません」と答えると、林さんはこう続けました。

「それは不幸なことだ。幸せにしてやるから覚悟しとけ」

以来、章男さんは時に林さんに叱られながら、「問題を自分で考え自分で解決する」ことや、「現地現物で確認する」大切さを学びます。エリートというのはとかく机上で議論しがちですが、章男さんは「現地現物でしか、本当の姿はわからない」ことを自覚した上で課題解決に臨み、**「考える前に行動せよ、考える暇があったらやってみろ」**を自ら実践するようになっていきます。

第3章

トヨタ式「リーダー」になれる人のすごい！仕事術

第34話 トヨタのリーダーは部下に「がんばれ」と言わない

「がんばれ」ではなく「がんばらなくてもいい仕組み」をつくる

トヨタで新しく管理職になったAさんの話だ。

Aさんがはりきって「これから一層がんばります」と言ったところ、上司から「お前の仕事は『がんばる』ことではなく、『みんなが、がんばらなくてもいいようにすることだ』」と言われた。

新しくリーダーになる人が、「部下をいかにがんばらせるかが自分の役目」と思い込んでいるケースは少なくない。

しかし、トヨタの管理職に求められるのは、真逆だ。

汗をかきながらがんばっている社員がいたとすると、汗をかかなくても、楽にできる方法を考え出す。

そのため生産現場などに出て、なんの気づきもなく、なんの改善もせず、なんの指導もせず、ただ「がんばれ」「もっとがんばれ」と声をかける上司がいたとしたら、「働いていない」のと同じだ。

部下ががんばらなくてもいいやり方を考えろ

応援するだけの人
走れ
やれ
がんばれ
早く
はい
応援団
限界だよ……
まだできるはずだ
がんばれ
楽になるやり方を考える人
運搬にムダがあるな
レイアウトを変更しよう
できるリーダー
楽になったから他の仕事がはかどる
他にムダがないか探そう

トヨタの技監《ぎかん》（技術統括の責任者）だった林《はやし》南八《なんぱち》さんが、こんなことを言っている。

「『がんばれ』しか言えないのでは、管理者ではなく応援団だ」

応援団の役目は「がんばれ」と声援を送ることだ。中にはその応援を励みに「がんばる」ことのできる人もいるだろう。

しかし、トヨタの管理者の役目はそうではない。

汗をかき走り回っている社員を見て、**なぜ汗をかき、走り回らなければならないのかを調べ、楽で効率の良い仕事のやり方を考えて改善をする。**

つまり管理者は、みんなを無理にがんばらせてはいけないし、「がんばれ」と檄《げき》を飛ばすだけの応援団であってはいけないのだ。

第35話

意外と難しい「失敗した部下」への言葉がけ

厳しくても、最後には救いの手を差し伸べる

ある企業が、トヨタ式をベースとした生産改革を進めていた時の話だ。

改革責任者のAさんは30代ということもあって、改革に消極的な社員はもちろん、うまくいかなかった社員も厳しく叱りつけていた。

そんなAさんを見て、大野耐一さんはこう諭した。

「君は厳しいことばかり言っているが、それではいかん。やる気のある者に、挫折感を与えないようにせよ」

Aさんが「どういうことですか」と質問すると、こんな答えが返ってきた。

「やる気のある者は、自分ではできないと思っても、やってみようとすることもある。ところが、実際にはできないこともある。その時に、挫折感を与えてはいかん。厳しいことを言っても、どこかで救いの手を差し伸べてやらなければいかん」

「部下は上司を3日で見抜く」という言葉がある。

失敗に効くのは「叱責」ではなく「救いの手」

「叱責」ばかりの人
……
ガミガミ
失敗を恐れるな
挑戦しろ
ガミガミ
失敗しただと!
君の責任だ
「救いの手」を差し伸べる人
トライ
してみます
やってみるといい
失敗しました
一緒に
原因を
見つけよう

部下は上司をよく見ており、上司の言動次第で行動を変えるということだ。部下に対して「失敗を恐れずに挑戦しろ」と言っておきながら、失敗すると「お前の責任だ、俺は知らないからな」と責任を回避するようでは、部下は新しいことに挑戦しようとしなくなってしまう。

あるいは、挑戦して失敗した部下を厳しく叱責するだけでは、部下は挑戦をためらうようになる。

何回言っても挑戦しない者に対して厳しく接することはあっても、挑戦して失敗した者にまで厳しくしてしまうと、誰も挑戦しなくなってしまう。**まずは挑戦した人間の勇気を認める。**その姿勢が、部下が上司を信頼し、新しいチャレンジをする原動力となる。

第36話

部下は「信頼」しても「信用」するな

任せて、結果まで見届けるのが上司の役目

トヨタの上司が新しく管理職になった人に言う言葉の一つに、**「部下のことを『信頼』しても、『信用』してはいけない」**がある。

これはなにも「部下のことを信用してはいけない、疑ってかかれ」という意味ではない。

基本的には、部下のことを人間として「信頼」して任せる。

難しい課題なら「この部下ならきっと結果を出してくれる」というスタンスで臨む。

ポイントは「任せた」その先にある。

どんなに信頼した部下であっても、任された仕事を完璧にやり遂げるとは限らない。

ましてや初めての仕事や、難しい仕事であれば、失敗する可能性さえある。

だからこそ、任せた上司は手放しで信用するのではなく、**「失敗の可能性」があることを前提に「結果を見届ける責任」があるということだ。**

裏を返せば、部下が失敗した時に、「信用して任せたのに」などと部下の責任にするよ

任せる時は失敗も折り込み済みで任せる

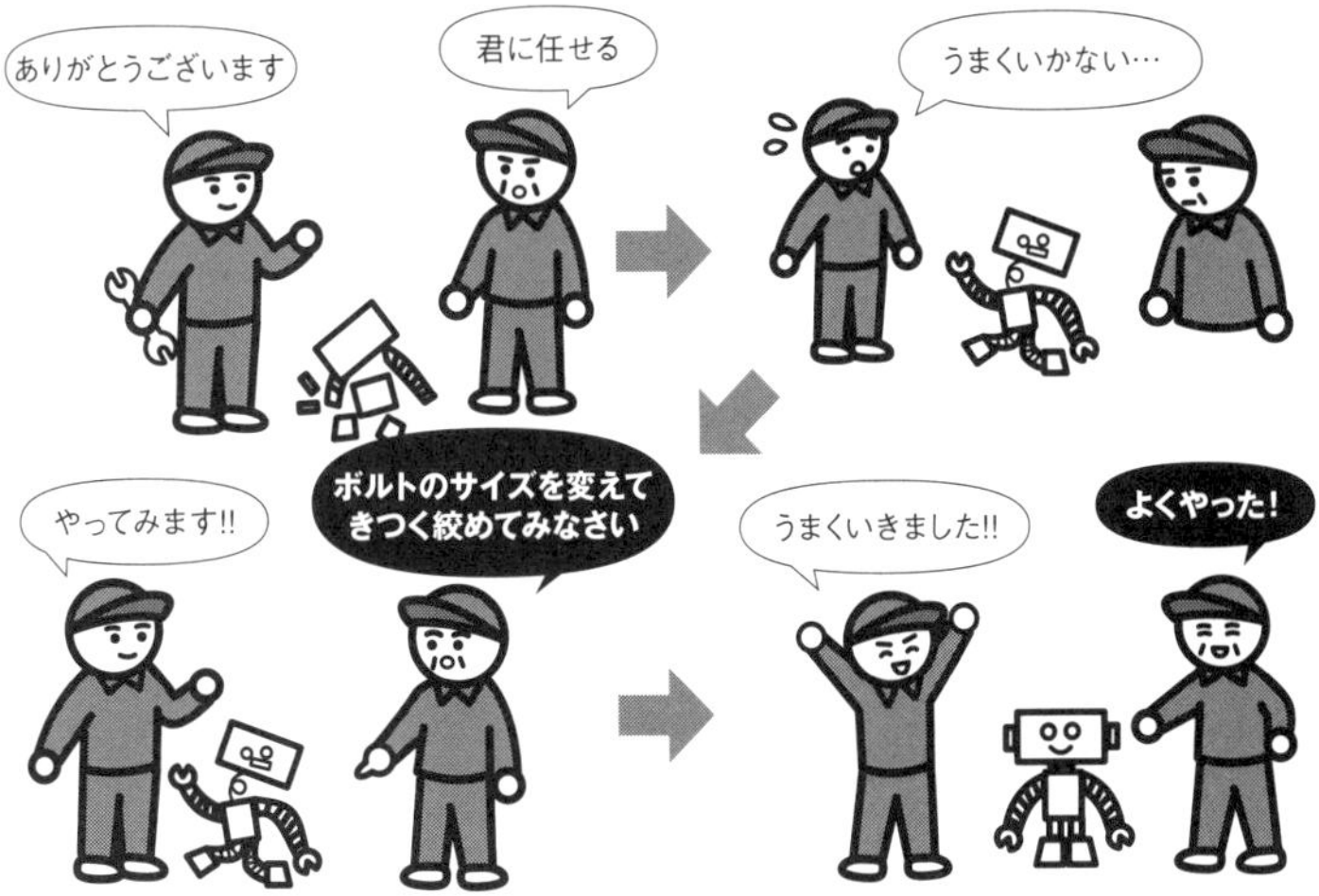

うでは、上司失格ということである。

改善を行った時には、その結果を提案者自ら見届けるのがトヨタのやり方だが、同様に部下に仕事を任せたなら、その結果をきちんと見届けるのも上司としての責任なのだ。

パナソニック創業者の松下幸之助さんも「任せて任せず」と言っているように、仕事は信頼して任せても、任せっぱなしはいけない。

それが「信頼しても信用するな」の真意なのだ。

第37話

自分のコピーをつくるな。自分より「すごい」部下をつくれ

「自ら知恵を出して成長できる人間」を育てる

トヨタ式は「人の知恵」をベースにしているだけに、「知恵を出して働く人」を育てる必要がある。

例えば、買った機械に知恵をつけて、カタログに書いてある以上の使い方をする。上司の指示を受けて仕事をやる場合も「言われたまま」やるのではなく、「自分なりの知恵」をつけて、もっとうまくやる。

他社や他部署の改善を導入する場合も、知恵をつけてさらにいい改善にする。優れた理論やシステムを導入する場合も、それらになんらかの改善を加えて自社なりに加工する。

こうしたことができる人間を育てるのがトヨタ式であり、だからこそトヨタ式は「ものをつくる前に人をつくる」のだ。

「人づくり」に臨む管理職の心得を、豊田英二さんはこう説いている。

「管理者の皆さんは自分を凌駕《りょうが》する部下を育成していただきたい」

企業の盛衰を決めるのは「人材」である。

「すごい部下」をつくってこそ真の上司

工程を入れ替えると効率が上がります
私もそう思います
自分のコピーをつくる上司
自分を超える人材をつくる上司
もう知恵を出すのはやめよう……
言われた通りにやっていればいいんだ!!
ハイ!!
よし！ やってみよう!! これからも知恵を出してほしい！

管理職自身が率先垂範を基本に己を磨くのはもちろんのこと、部下に課題を与えながら知恵を引き出し、人間として大きく育てるのが管理職の役目だというのだ。

トヨタでは管理職の考課要素に「課題創造力」や「課題遂行力」「組織マネジメント力」に加え、「人材活用力」や「人望」が入っている。

つまりいかに人を使うかだけでなく、人を活かし、育て、人を惹きつける能力が求められているのだ。

自分にとって使いやすい人間ではなく、自分を凌駕するほどの人間を育てる。

その積み重ねこそが、企業の永続的な発展を可能にしてくれる。

第38話 指示を出す時は、自分がその指示を受けるつもりで出せ

自分ならどうするかを常に考え、部下を全力でフォローせよ

マネジャーの役割を「部下を管理すること」と勘違いしている人は少なくない。しかし、本来の役目は「他者を通じてものごとを成し遂げること」である。「他者」というのは、もちろん「部下」のことである。

つまり、マネジャーは、**「部下を通じて成果を上げる」ことが求められている。**

しかし、ここで問題になるのが「部下への仕事の任せ方」だ。

トヨタの上司は、「仕事は部下との知恵比べ」として、「部下に命令なり指示を出す時、同時に自分もその命令・指示を受けたと思って考えろ」と言われている。

最初から答えを教えろということではない。部下が迷って相談に来たら、アドバイスできなければならないし、部下がやってはみたもののうまくいかない時は、上司自ら知恵を出して部下をフォローする必要がある。

上司は言いっぱなしではダメだし、任せっぱなしでもダメ。部下に指示・命令を出す以

「任せる」上司はフォローもうまい

ハイ!
がんばります!!
北米市場で
No.1を狙える車を
つくってくれ!
丸投げ上司
フォローできる上司
相談したい
ことが……
任せたんだから
自分で考えろ
プイッ
なるほど!
欧米人の体格に
あったシートを考えて
はどうだろう

上は、自分なりのアイデアをもつべきだというのがトヨタの考え方だ。

振り返って考えてほしい。

部下に命令や指示を出した時点で自分の仕事は終わった、と思ってはいないだろうか。考えるのも実行するのも部下であり、自分は部下を管理していればいいと思っていないだろうか?

それでは、「任せる」ではなく「丸投げ」である。丸投げだと部下から大したアイデアも出ず、実行もできなければ、課題は課題のまま残ることになる。

任せた後も部下から報告を受けつつ、必要であればアドバイスをして目的を一緒になって達成する。リーダーにはその姿勢が欠かせない。

第39話 トヨタではなぜ「100点」でなく「60点でいい」と言われるのか？

アイデアがあるならまずやってみて、そこから改善していく

トヨタの基本は**「アイデアがあるなら、ものをつくってみなさい」**だ。

改善でも、失敗を恐れて実行を躊躇《ちゅうちょ》する部下がいれば、「お前が何かやったところでこれ以上悪くなることはないから、思い切ってやってみろ」と背中を押す上司がいる。

もちろん単なる思いつきでは困るが、「成功確率が6割もあれば十分だ」というのがトヨタの考え方だ。

50％だと一か八かになりがちだし、かといって70％、80％を求めると敷居が高くなり過ぎる。その点、60％の成功確率だと、たとえ期待通りの成果が出なかったとしても、1度か2度改善をすれば成功にたどり着くことができる。

その意味では、考えるばかりで最初の一歩を踏み出せない部下にはこう言えばいい。

「100点を目指すな、60点でいいからやってみろ」

変化の激しい時代には、「考える」ことに

100点でなくていい。60点で任せる

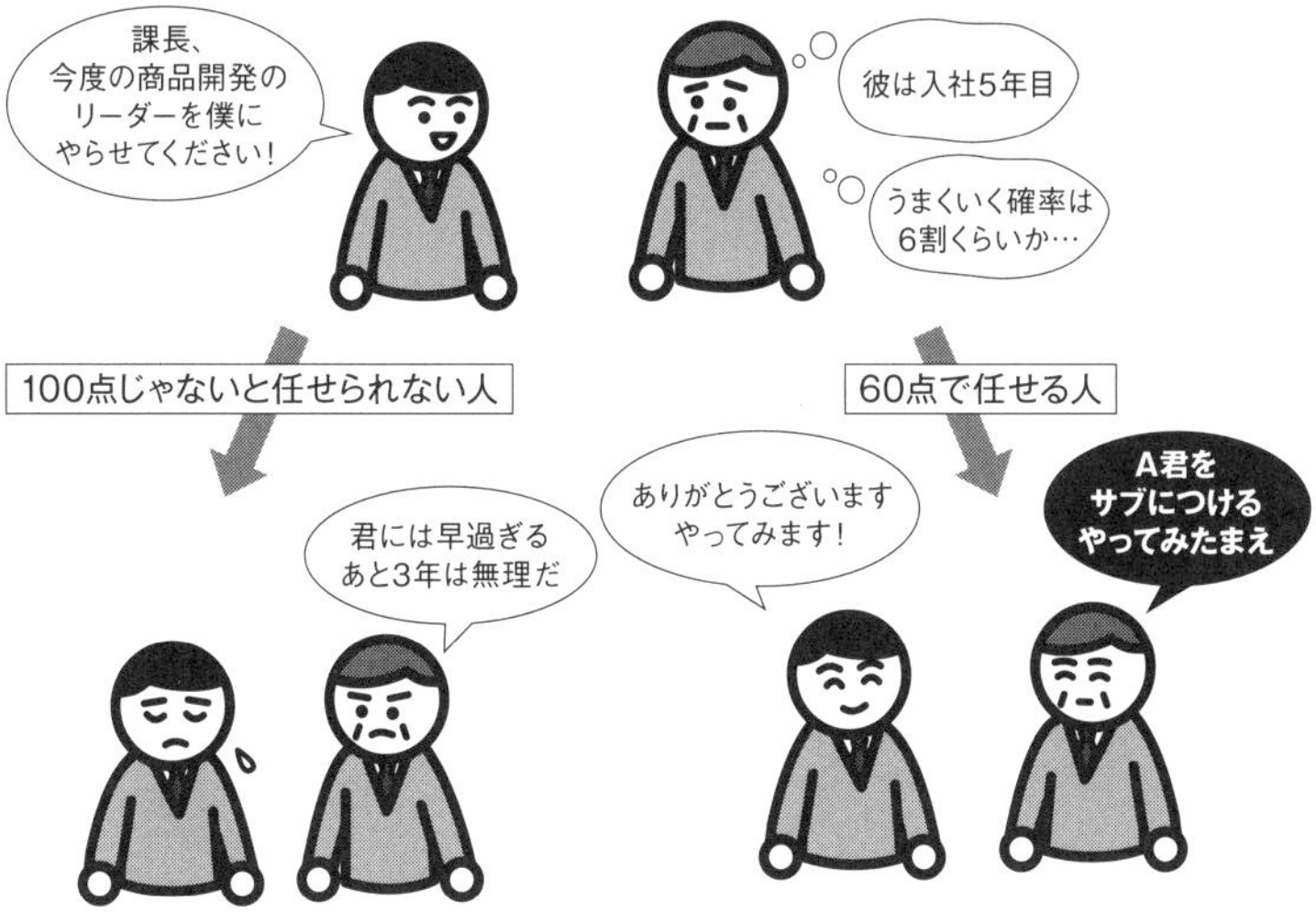
課長、
今度の商品開発のリーダーを僕にやらせてください!
彼は入社5年目
うまくいく確率は6割くらいか…
100点じゃないと任せられない人
60点で任せる人
君には早過ぎるあと3年は無理だ
ありがとうございますやってみます!
A君をサブにつけるやってみたまえ

時間を割くより、迅速に「行動する」ことが大切になる。しかし、多くの企業ではどうしても行動が後回しになりがちだ。「失敗への恐れが実行をためらわせる」からである。

にもかかわらず、会議で部下のアイデアに対し、「失敗したらどう責任をとるつもりだ」と声があがるようでは、誰だって「やめておこうか」になってしまう。結果、せっかくのアイデアも消え去ることになる。

何かを実行する前にはしっかりと考え、それなりの準備が欠かせないが、求められているのは「いきなりの成功」ではない。

アイデアがあるならまずやってみて、その結果を見ながら改善していくことで、より早く、より良い成果にたどり着くことができる。

第40話 「一度決まったことだから」が口癖のリーダーは危ない

「計画通り」にやることが、目的になってはいけない

仕事に「計画」は欠かせない。誰がどこで何を、いつまでに、どんな方法、いくらの予算でやるのか……。計画があるからこそ、人は達成しようと努力するし、達成した時には、苦労した分だけ喜びや安堵感が大きい。

ただ、中には計画と現実の間に大きな隔たりがあるにもかかわらず「一度決まったことだから」と言って、計画通りにやることを現場や部下に強いる人がいる。そんな人に向けて大野耐一さんはこう言った。

「ものごとは、決めた通りになかなか動かない。だが、世の中には、決めた通りに動かしてはいけないことがわかっていても、なお動かそうとするムチャな人がいる。『計画通りにやるのが良い』『計画変更は恥ずかしい』と言うのだ。先が完全に読み切れない以上、状況が変われば、(計画も)やり方も変えていくのが当然である」

状況を鑑《かんが》みず、計画通りにつくられるものの典型が、行政が主導する道路や巨大な建造

「計画通り」にこだわるリーダーは危険

このまま生産を続けると
過剰在庫になります
在庫表
……
「計画通り」が目的の人
「結果を出す」ことが目的の人
一度決まったことだ
計画通りで問題ない！
わかりました
計画よりも
結果優先だ!!
すぐ計画を
変更しよう

物づくりだ。何年も、何十年も前に計画され、今は必要なくなっているのに、「一度決まったことだから」といって血税が投入される。これほどムダなことはない。

ただ、これはなにも行政に限った話ではない。企業の生産現場でも「一度決めたことだから」が金科玉条となり、過剰な在庫を抱えたり、売れ筋商品が品不足に陥ることがある。

そこで、**大野耐一さんは変わり続けることの大切さを「君子豹変す」という故事を使って現場に言い続けた。**

立案した時は素晴らしい計画であっても、状況が変われればそれに合わせて変えていく。

リーダーは「計画通り」よりも「結果を出す」ことにこだわるべきなのだ。リーダーは「豹変」するくらいがちょうどいい。

第41話 部下に仕事を任せたら報告を求めず口出しもするな

期限がきたら、何がどこまでできているかを必ず自分の目で確認せよ

トヨタを特徴づける仕事のやり方の一つに「フォローアップ」がある。

トヨタと初めて仕事をすることになったAさんの、トヨタから与えられた面倒な案件の話だ。Aさんは、トヨタがその「面倒なこと」を忘れてくれることを期待して放っておいた。しかし、トヨタから定期的に「あれはどうなったか」というフォローが入る。

仕方なくAさんは「その件はかくかくしかじかで、なかったことにしたい」と話した。

すると、トヨタからあっさり了承された。その時Aさんは気づいた。トヨタにとって大切だったのは「結果を見届けること」であり、曖昧にしたり中途半端にしたりしないことだったんだ、と。

例えば、上司が部下と話し合って、「2週間後までにこれをやろう」と決めたとする。すると上司は「じゃあ、2週間後に見に来るからやっといて」と全面的に部下に委ねる。

その間、報告を求めず、余計な口出しもしな

「任せっぱなし」にせず結果を見届ける

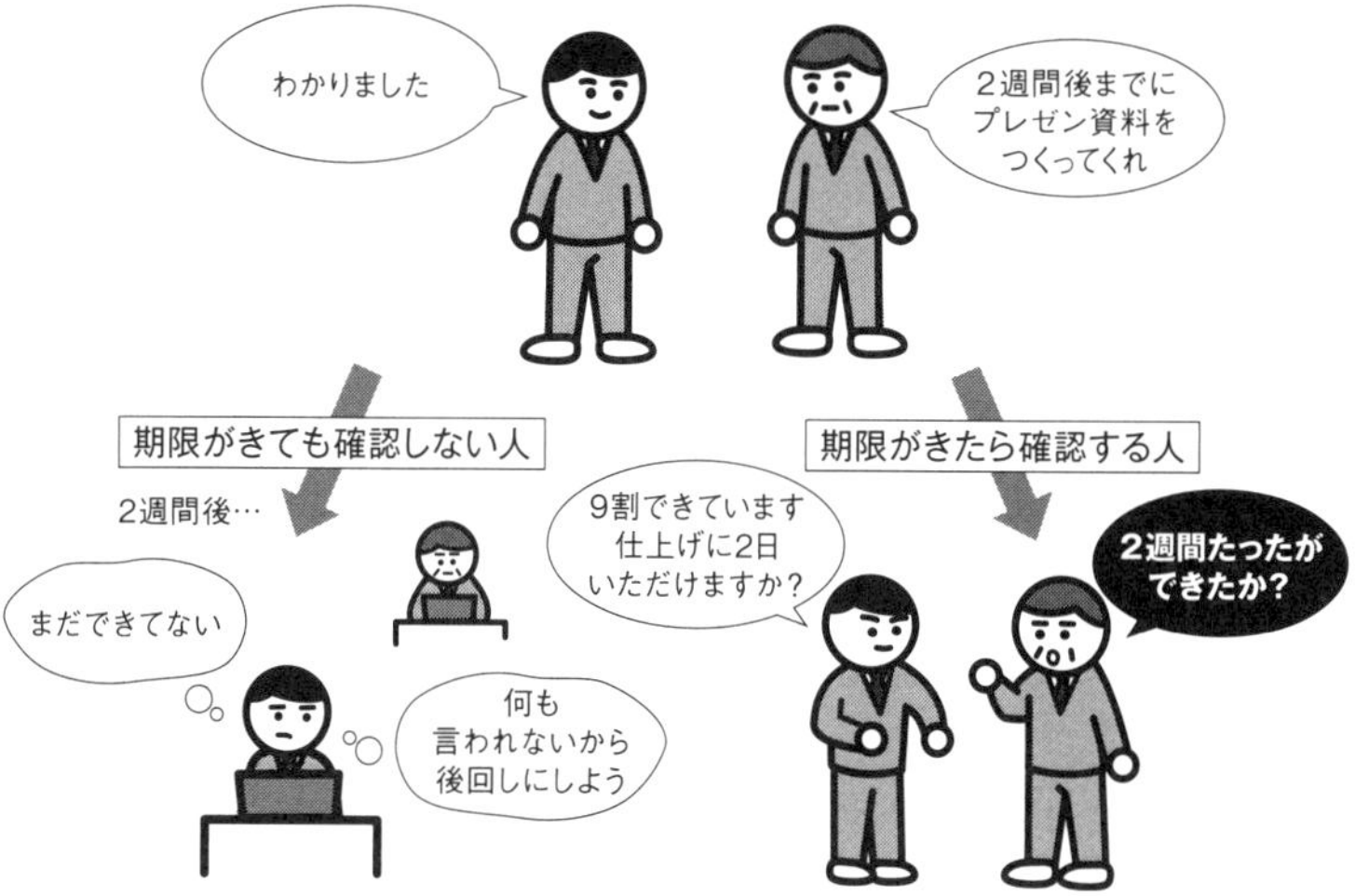
2週間後までに
プレゼン資料を
つくってくれ
わかりました
期限がきてても確認しない人
2週間後…
まだできてない
何も
言われないから
後回しにしよう
期限がきたら確認する人
2週間たったが
できたか?
9割できています
仕上げに2日
いただけますか?

い。ところが、期限がくると必ず見に来て、何がどこまでできているかを確かめる。

企業によっては指示をした上司が期限も決めず、指示をしたこと自体忘れてしまうことがある。しかしトヨタの場合、何をやるにしても必ず「期限」がついてくるし、期限がくれば必ず「目」で確かめる。

かといって、期限がくる前から細かく口出しをして、部下のやる気を削ぐことはない。与えた期間内の行動は部下に任せるが、期限は必ず守るし、その評価もきちんとやるのがトヨタ式だ。

仕事で大切なのは、単に「やる」ことではなく、最後まで「やり切る」ことであり、成果を出すことだ。そのために欠かせないのがフォローアップの習慣なのである。

第42話

リーダーは人を呼びつける前に自ら現場に行け

自分都合を優先させてばかりのリーダーは人が離れていく

トヨタ式を取り入れているA社では、新しい試みをする際に、役員が現場の意見を聞くことになっていた。そこで、役員は現場の人間を自分の部屋に呼びつけるのではなく、役員自らが、夜勤交代時に現場に出向いて、意見を聞くことを常としていた。

ものづくりにおいて現場の意見は重要である。計画段階で問題がある場合も、現場の意見を聞いているうちに具体的な問題点がはっきりしてくる。すると改善点が明確になり、具体的に計画が進み始める。

何より、役員が自分の都合を押しつけず、自ら現場に出向いたとなれば、現場の人間も腹を割って本音で話すようになったという。そのおかげで、現場の賛成が得られた計画はいつもうまくいった。

もし、役員が自らの都合を振りかざし、忙しい現場の人間を自室に呼びつけて意見を求めていたのでは、うまくいくものもうまくいかなかったであろう。

リーダーは自ら現場に足を運べ

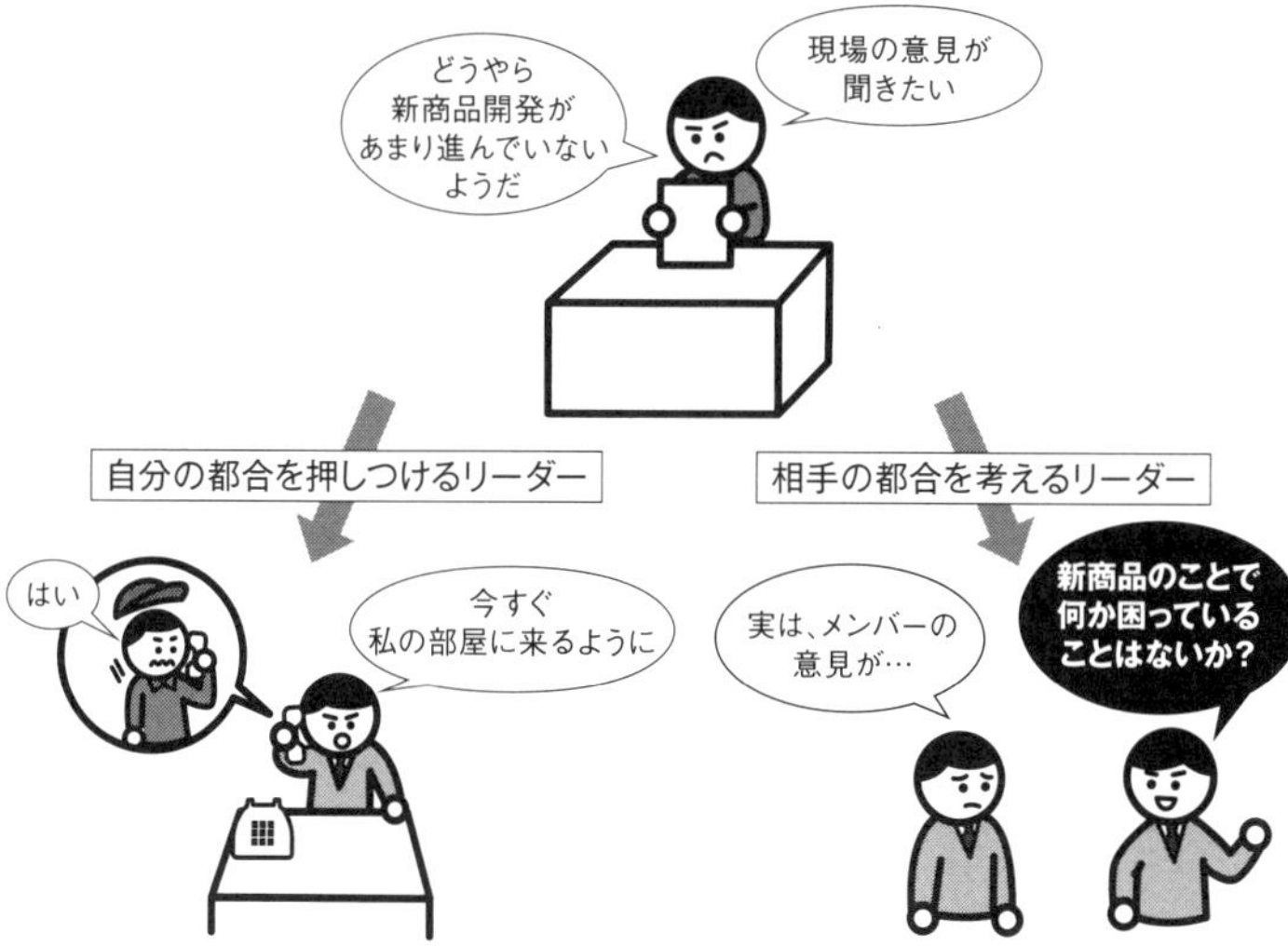

どうやら
新商品開発が
あまり進んでいない
ようだ
現場の意見が
聞きたい
自分の都合を押しつけるリーダー
相手の都合を考えるリーダー
はい
今すぐ
私の部屋に来るように
実は、メンバーの
意見が…
新商品のことで
何か困っている
ことはないか？

人はとかく自分の都合でものごとを見てしまいがちだ。「自分の当然」は「相手にとっての当然」ではない。既に習慣となっている自分の基準に、相手が合わせてくれるものだと思い込んでしまう。

しかし、相手がお客さまだった場合、そのやり方では商売は立ち行かない。マーケットは常に変化しており、旧態依然とした自社の都合を振りかざせば、すぐにそっぽを向かれるからだ。

相手が何を求めていて、自分は何を提供できるのかを、常に相手の立場に立って柔軟に考える。その姿勢を忘れない者だけが成長し、生き残れる。

自分都合を捨ててこそ、得られるものがあることを覚えておきたい。

第43話 ダメなリーダーが陥りがちな「なんでも第一主義」

あれもこれも「第一」にすると現場は混乱する

リーダーの役目の一つに**「やるべきことに順番をつける」がある。**

ヤマト運輸の元社長で宅急便を開発した小《お》倉昌男《ぐらまさお》さんによると、リーダーがやりがちな間違いの一つは「なんでも第一」にしてしまうことだ。

「安全第一」といいながらも、「売上第一」「接客第一」とたくさんのものを「第一」にしてしまうと、何を優先すべきかがぼやけてしまうのだ。

そんな小倉さんが宅急便を始めた時には、とにかくサービスを第一にして、売上や利益は二の次、三の次にしている。そしてその結果が宅急便の成功へとつながっていった。

トヨタの生産現場でもよくいわれるのが**「安全と品質はすべてに優先する」だ。**

この順序を間違えると、売上や利益のために品質や安全を犠牲にしかねないため、「安全と品質はすべてに優先する」とその順序を明確にしている。

リーダーの最も大事な仕事の一つは優先順位をつけること

すべて優先型のリーダー
全部優先だ!!
利益
安全
品質
ピクツ
売上
サービス
全部優先しようとしたら品質が落ちちゃった…
返品
クレーム
安全
サービス
品質
優先順位がはっきりしているリーダー
安全と品質は何よりも優先!!
安全
品質
安全第一
品質第一
優先順位がはっきりしていると働きやすいね
安全
品質

東日本大震災の時、トヨタの協力会社も大きな影響を受けているが、その復興に立ち向かう社員を現社長の豊田章男さんはこう言って送り出している。

「現場は、上に報告しなくていい。報告のためのリポートはつくらなくていい。人命第一、地域復興が第二、第三が生産の復旧。この順番だけ頭に入れて判断してほしい」

「何を優先すべきか」が明確でないと、現場は判断に迷い、時に間違った判断をしたり、都度本社に判断を仰ぐことになる。それではスピーディーな活動などできはしない。

章男さんが優先順位を明示して権限を現場に委譲したことで、トヨタの社員は、自分たちで考えて復興という難題に立ち向かうことができた。

第44話 名プロジェクトリーダーを生んだトヨタ上司の「この」ひと言

「もうちょっと、心の余裕をもてんかねぇ」で開眼した名主査の話

9代目「カローラ」のチーフエンジニアの吉田《よしだ》健《たけし》さんは、6代目「カローラ」の主査、齋藤明彦《さいとうあきひこ》氏の主査付きを務めたことがある。

吉田さんがメインで担当した設計という仕事は集中力が必要だ。そしてものごとを掘り下げて考える必要がある。しかし、主査付きには全体を見る力も求められる。営業やお客さまと関わりながら、幅広く車づくりを考える力が求められるのだ。

そのためには心の余裕が大切で、余裕があって初めて全体を見ることができるし、人を動かすこともできる。

しかし、当時の吉田さんには集中力はあっても、心の余裕や幅広くものを見る力が不足していた。そんな吉田さんを指導しながら、斎藤さんはよくこんなことを言っていた。

「お前、もうちょっと、心の余裕をもてんかねぇ」

吉田さんが当時、心のゆとりをもてなかったのには理由があった。若い頃、「セルシオ」

リーダーの「心のゆとり」がいい仕事をつくる

のチーフエンジニアとして活躍した鈴木一郎さんのもとで、徹底的に仕事の厳しさを叩き込まれたからだ。

当時、吉田さんが鈴木さんに、ある仕事を説明した時の話だ。「2分で言えることを30分で言うつもりか」とどやされ、しばらく会社へ行こうとすると胃が痛くなり、出社拒否になりかけたことがあった。

こうして**鈴木さんから仕事の厳しさを叩き込まれ、斎藤さんから「仕事を楽しむ余裕」を教えられた吉田さん。やがて幅広い視点で仕事を捉えられるようになり、後に「名主査」として知られるようになった。**

経験を積むにつれ、その人にその時点で最も必要なことを教えてくれる。それがトヨタという会社なのだ。

第45話

人の可能性を無限大に広げる「この」言葉

「改善したところをまた改善してさらに改善しろ」

「祝福することこそ組織に活力を蘇らせる方法だ」は、ゼネラルエレクトリック社・伝説のＣＥＯ（最高経営責任者）、ジャック・ウェルチの言葉である。

ウェルチによると、ビジネスは楽しくなければならず、どんな小さな成果でも、達成した時には認め、祝ってあげることが組織に活力を蘇らせる秘訣だという。

成果が出たなら、その成果をみんなで喜ぶという点では、トヨタも同じだ。トヨタ式の改善には、１つのサイクルがある。

「問題に気づく」から始まり、「問題の真因を調べる」「複数の改善策を考える」「それぞれの改善策の比較検討を行って最善の改善策を決める」「迅速に実行する」「結果を見届ける」「問題があればさらなる改善をする」と続き、成果があがったら、「成果をみんなで喜ぶ」ことになる。

元トヨタ社員が、協力会社で新しい生産ラインづくりに挑戦した時の話だ。

「改善できた」は新たなスタート

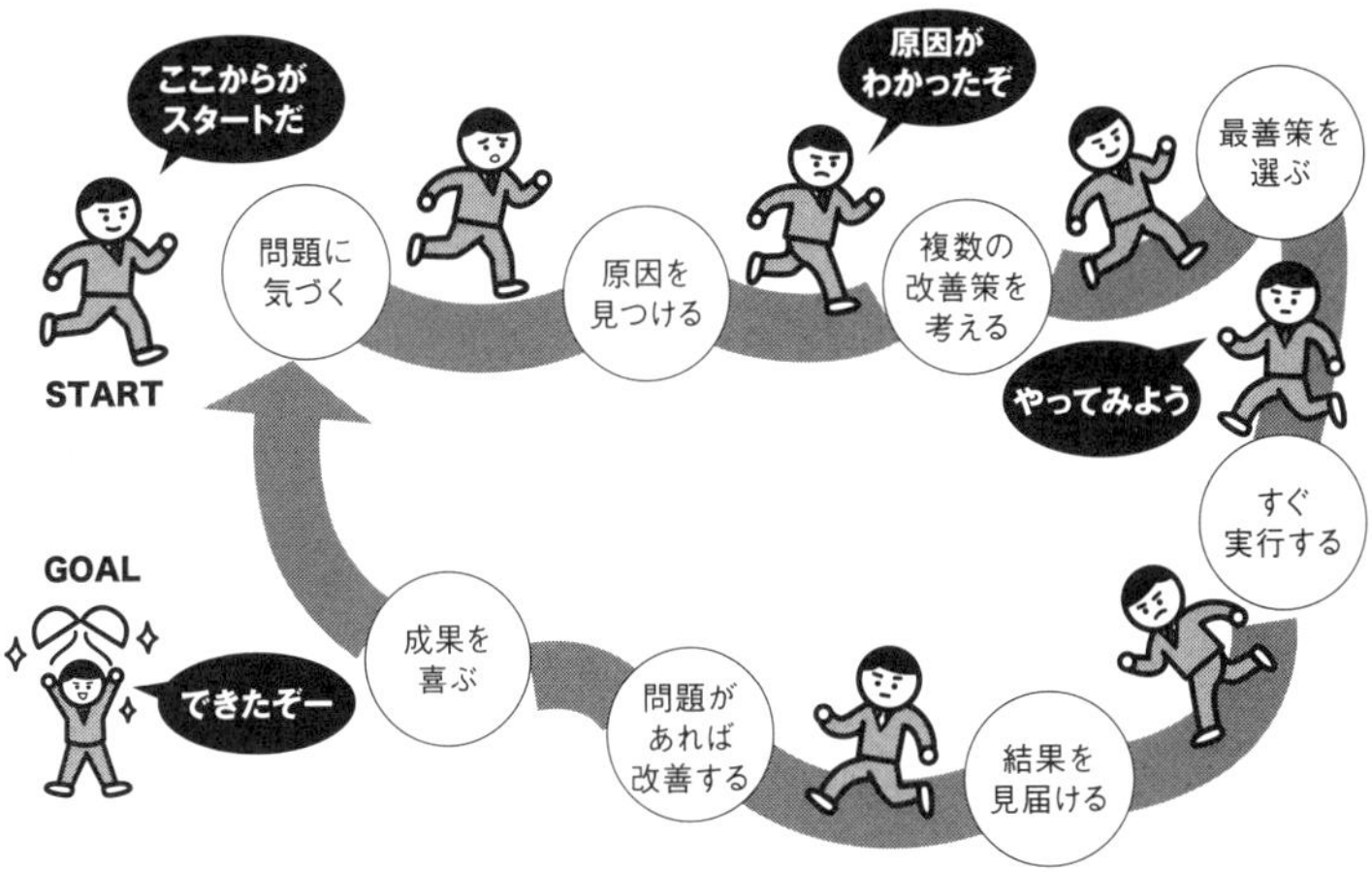
START
ここからがスタートだ
問題に気づく
原因を見つける
原因がわかったぞ
複数の改善策を考える
最善策を選ぶ
やってみよう
すぐ実行する
結果を見届ける
問題があれば改善する
成果を喜ぶ
できたぞー
GOAL

激しく口論を交わした協力会社社員の一人が「今日は新しい生産ラインが動く日だから新品の靴を履いてきたよ」と言ってくれたことがとても印象深く、うれしかったと話していた。

だからこそ、トヨタの上司は部下の成果を手放しで「よくやった」と褒める。しかし、**「改善したところをまた改善してさらに改善しろ」**というひと言も忘れない。

改善で成果を上げると、多くの人が陥るのは「ここはもうこれでいい」という思い込みだ。

しかし、「これでいい」と思い込んでしまうと、次の知恵が出なくなってしまう。

リーダーが成果は成果で喜びつつも、「もっと」「さらに」を口癖にしてこそ人は成長できる。

第46話 部下のチャレンジには「じゃあ、やってみろ」

人を成長させるのは、リーダーの失敗を引き受ける「覚悟」

トヨタの特徴は、フルラインナップメーカーであり、客層に合わせて扱う車を決める販売チャネルを複数もつところにある。

かつてはトヨタ、トヨペット、カローラ、ネッツ、ビスタの5系統が存在していた。しかし、1990年代に入ると市場の飽和状態が顕著になり、アメリカで成功した「レクサス」を販売するための新しいチャネルづくりが求められた。そこで、長く続いた5チャネル政策を根底から見直す必要が出てきた。

2003年2月、ビスタ店をネッツ店に統合して5チャネルを4チャネルに再編した上で、全く新しい「レクサス」専門のチャネルづくりが発表された。これは「販売のトヨタ」にとって革命的な出来事であり、また国内営業に関わる多くのトヨタマンにとって、これまで経験したことのない「ゼロベースのプロジェクト」でもあった。

ただ、やり方を大きく変え、新しいことをゼロから立ち上げるには大変な困難が伴う。

リーダーに必要なのは「任せる」覚悟

新規プロジェクトのリーダーを私にやらせてくれませんか
部下を信じられない人
やってみろと言える人
……
君にはまだ早い
じゃあ、やってみろ
責任は俺が負う

プロジェクト担当の社員たちに、当時、常務役員だった金子達也さんはこう言った。

「やらせてやるから、自分たちで考えて、自分たちでつくれ」

先輩から教わったやり方をそのままやるだけなら、それほど悩むことはないだろう。しかし、すべてを自分たちで考えてゼロから立ち上げるとなると「本当にこれでいいのか」と悩み、吟味することになる。

それでも**「じゃあ、やってみろ」と任せることで人は育つ。**新人でも、いい提案であれば採用する。

その代わりに、成功も失敗もすべてリーダーが引き受ける覚悟をもて、というのがトヨタの文化である。

第47話 部下に「わかったか」と聞いてはいけない

トヨタの上司が、部下に絶対に言わない言葉

スポーツの監督やコーチがしばしば口にするのが「わかったか」だ。

彼らは作戦指示の後、よく選手に「わかったか」と確認をする。また、仕事においても上司が指示・命令を出した後、部下に「わかったか」と確認をする。

しかし、その時に返ってくる「わかりました」を安易に信じてはいけないというのがトヨタ式だ。

サッカーの元日本代表監督のイビチャ・オシムもしばしば指摘したように、日本人の特徴の一つは、上司から「わかったか」と聞かれれば、条件反射的に「わかりました」と答えてしまうことだ。

ここで部下が「わかりました」と答えると、上の人間は「そうか、わかったんだな」と一応満足をする。しかし、いざ本番に入ると「全くわかっていない」ことに気づかされる。

そんな人間の性質をよく知るトヨタの人は、新しく上司になった人や、現場で仕事の

部下の「わかりました」を信じてはいけない

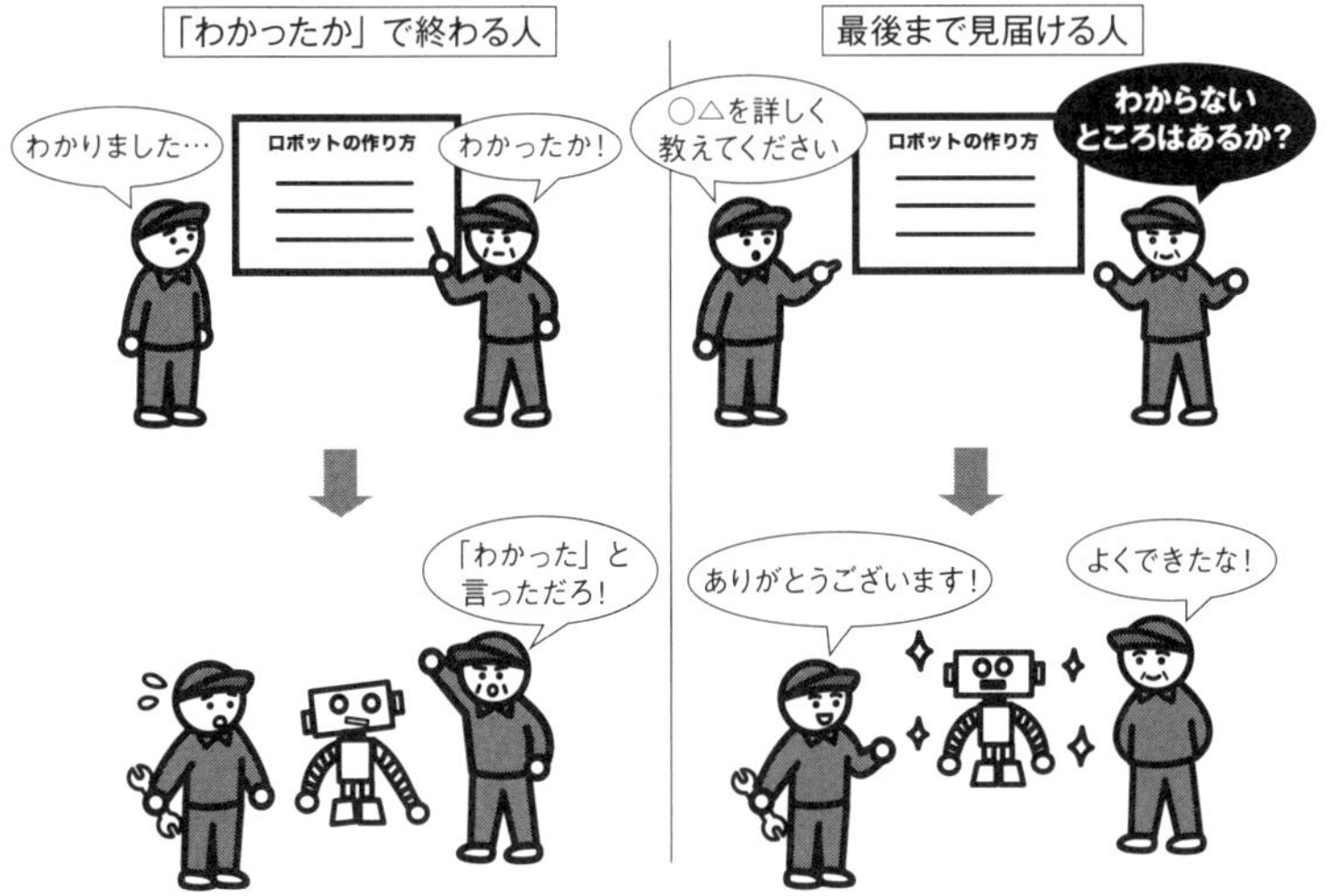

「わかったか」で終わる人
わかりました…
ロボットの作り方
わかったか！
「わかった」と言っただろ！
最後まで見届ける人
○△を詳しく教えてください
ロボットの作り方
わからないところはあるか？
ありがとうございます！
よくできたな！

やり方を教える人にこうアドバイスする。

「部下に『わかったか』とは聞くな、目で確認しろ」

例えば、現場で仕事のやり方を指導したら、「わかったか」とは聞かずに、まずやらせてみる。そして「本当に理解できているか」を、上司自身が自分の目で確認する。

上司がやりがちな失敗は、部下に指示をしたらそれだけで部下はやってくれるもの、できるものと思い込んでしまうことだ。

上司の役目は「指示して終わり」ではなく、「できる」ところまで見届けることである。

その積み重ねが部下の成長につながるのだ。

第48話 「やれ」と言うな。「どうする？」で問いかけよ

「やれ」では動かない。「どうする？」で初めて考え始める

営業部隊や販売チームを率いるリーダーの悩みは、いつだって「販売目標をどうやって達成するか」だ。では、「このままでは今月の目標達成は無理だ」という時に、リーダーはどんな姿勢で部下に接し、どんな言葉をかければいいのだろうか。

「このままでは目標にいかないな」という状態で月の後半を迎える時、Aさんはスタッフ全員を集めてこう問いかける。

「このままでは目標達成は厳しい。本部に対

今や「若者の車離れ」に苦慮する車の販売店は多い。そのため車の売り方も変化しており、営業社員が戸別訪問をする「訪問型」から、お客さまに来てもらう「来店型」に大きくシフトしている。

しかし、「来店型」＝「待ち」の営業と勘違いすると大きな失敗をするというのが、数十ヶ月の長きにわたって、販売目標をパーフェクトに達成したトヨタ販売店の店長、Aさんの考え方だ。

「押しつける」のではなく「問いかける」

3月も厳しいなあ……
売上
計画
実績
計画
実績
計画
見通し
1月 2月 3月
「押しつけ」型の上司
「どうする?」型の上司
今月は是が非でも達成しろ
ムリだな
やってられない
今月も目標達成は厳しい
どうする?
A社にプッシュかけてみます
B社に追加がないか聞きます

して100%やると申告するか、それとも100%は無理だと申告するか、みんなどうする?」

来店型ではいかにお客さまに来ていただくかに加え、来ていただいた時のスタッフの対応いかんでお客さまの満足度が大きく変わる。

つまり、店全体のチーム力が問われるだけに、Aさんは**あえてスタッフ全員に「みんなどうする?」と問いかける。上から「やれ」と言うだけでは人は動かないからだ。**

大切なのは営業社員を含むスタッフみんなが「やろう」となることで、全店挙げて「目標達成に向けて何ができるか」を考えるようになるということだ。

第49話

不安な部下が心から安心できる「この」ひと言

「責任は自分がとる」が、部下を前向きにさせる

部下を育てるには、部下を信頼し、部下に仕事を任せることが大切だ。

一方、そこには失敗のリスクもつきまとう。ただ、リスクを恐れ過ぎるあまり、簡単な仕事しかやらせない、細かく指示を出し過ぎる、では困る。それをやってしまうと、部下はいつまでたっても独り立ちできないからだ。

そこで問われるのが、**上司の「部下にやらせる勇気」**と**「責任を負う覚悟」**である。

トヨタは、1人の責任者にプロジェクトの全権限と責任をもたせる主査制度を採用している。主査制度のもと、トヨタは数々の名車を誕生させたが、中でも有名なのが「大主査」とよばれた中村健也さんだ。

多くのプロジェクトを成功に導いた中村さんだが、初代「クラウン」の主査に任命された時は、複数の部署にまたがる人たちを動かすことへの不安を強く感じていた。

そんな中村さんの不安を察した当時の常務・豊田英二さんはこう言ったという。

「責任を引き受ける」上司に人はついていく

はい
君にプロジェクトの全権限を与える
責任を押しつける上司
責任をとる覚悟のある上司
不安になってきた
ただし失敗しても君の責任だぞ
ありがとうございます
責任は私がすべてとる
失敗を恐れずやってくれ

「健也、ビクビクするな。仮に問題が起きればわしが乗り出す」

以来、英二さんの本気の言葉に背中を押された中村さんは、「クラウン」の開発に邁進《まいしん》することができた。

大きな仕事を任されるということは、若い社員にとっては泣くほどつらい経験もするということ。それでもやり抜くことができたのは、若手が窮地に陥れば上司が支援に駆けつけるからだった。

部下に仕事を任せる、あるいは挑戦を後押しするにあたって最も必要なのは、上司の「責任は自分がとるから思い切ってやれ」という覚悟である。部下を育てる上で、最も必要な言葉の一つである。

第50話

出世コースから外れた時こそ「運がいい」

できるリーダーに、ぬくぬくと出世した人などいない

企業には、いわゆる出世コースというものがある。多くは会社で一番売上の大きい部署のことだが、出世が約束された部署への配属は、多くの人が希望する。一方、傍流部署への配属は、出世コースからの脱落を意味することもある。

しかし近年、この流れに変化が起きている。経営共創基盤グループの冨山和彦《とやまかずひこ》さんによると「一流企業のトップに『傍流』が増えている」として、こう言っている。

「ソニー現社長の吉田憲一郎《よしだけんいちろう》氏は、子会社のソネットへの出向経験者であり、そこで業績を上げたことでソニー本社に呼び戻された人物だ。その吉田氏を呼び戻した前社長の平井《ひらい》一夫《かずお》氏も、子会社であるソニー・コンピュータエンタテインメント出身。ソニーでは傍流中の傍流だ」

トヨタ自動車元会長の奥田碩《おくだひろし》さんが、上司と対立してフィリピンで約7年過ごしたのはよく知られた話だし、キヤノン名誉会長の御《み》

不遇な時の経験が人を成長させる

手洗《たらい》冨士夫《ふじお》さんも、20年以上アメリカで過ごした後、先代社長の急逝によって社長に就任することとなった。

つまり、**出世コースでなんの苦労も知らず、ぬくぬくと出世するよりも、傍流部門で必死に知恵を出した人の方が、人としてもリーダーとしても磨かれるというのだ。**

かつてオイルショックの時、大野耐一さんのところへ困り果てた部下が「危機を乗り越える妙案はありませんか」と相談に来た。その時大野さんは、「君は運がいいぞ」と激励した。

厳しい局面に追い込まれた時、すぐに諦めるか、知恵を出してがんばるかで人の値打ちは決まるのだ。できるリーダーに、ぬくぬくと出世した人などいない。

第51話

社員をリストラする前に、まずトップが腹を切れ

リーダーの強い信念と覚悟が、世界No.1自動車メーカーに押し上げた

トヨタという会社は、「人」に強いこだわりをもっている。

1950年、倒産の危機に瀕《ひん》して、社員を大量解雇するという苦い経験をして以来、「雇用を守る」ことの大切さを常に強調し続けてきた。

リストラをすれば株価が上がるといわれた1990年代、奥田碩さんはこんな発言をしている。

「トヨタという会社は資産を吐き出しても雇用を守る会社だ。痛みを覚悟で聖域に手をつけたら、私は1ヶ月で社長を辞める」

社員を辞めさせるのならトップは腹を切れ、というのが奥田さんの持論だった。

人を育てるのには時間がかかる。人づくりは10年単位、20年単位で考えるべきことだ。なのに、安易に人を辞めさせていては決して「知恵を出して働く人」は育たない。「トヨタは人を大切にする」という信頼こそが、トヨタの強さの源泉でもあった。

リーダーの覚悟が現場を変える

安易に人を切るリーダー
リストラ
利益確保のためだ
海外に工場を移すぞ
知恵
技術
人材
信用
大切なものを失った
社員を守る覚悟のあるリーダー
会社経営は大変厳しい
しかしリストラはしません
社員ががんばってくれたおかげで業績は好転した

こうした思いは、現社長の豊田章男さんにも受け継がれており、章男さんは「日本のものづくりと雇用を守る」と明言している。

しかし今の時代、たやすいことではない。

短期的に見れば海外の生産拠点を強化して、日本の生産拠点は閉めた方がいい。

ただ、章男さんによると、海外に１００万台をもっていくと、日本国内で22万人の雇用が失われることになるそうだ。

目先の利益だけ考えれば、海外に出したくなるのが本音のところだろう。しかし、トヨタは、創業以来一貫して「日本人の頭と腕」にこだわり続けてきた。

企業のトップやリーダーには、こうした「時の風潮」に安易に流されない強い志が欠かせないのである。

第52話 リーダーになる人に知っておいてほしい大切なこと

「失敗を目で確かめる」「間違いを素直に認める」人になろう

トヨタ式のミスの対処法は「失敗は目で確かめる」だ。

どれほど頭の中や机の上でシミュレーションを重ねても、実際にやってみないとわからないことは多い。時には考えていたこととまるっきり逆の結果が出ることもある。

このように「自分の失敗を自分の目で確かめた」時、素直に間違いを認められるだろうか。

「失敗を目で確かめる」こと、「間違いを素直に認める」ことは、ビジネスでも、人生でも大切な心構えの一つだ。

大野耐一さんは「間違ったら素直に認める。君子になったつもりで豹変したり、あっさり改めることが大切だと思う」と言っている。

しかし、「素直じゃない」人は、なかなか周囲の協力が得られない。

どんなにいいアイデアを出しても、いい提案をしても、失敗したらこちらのせいにされてしまうからだ。しかも、こういう人がリー

間違いを素直に認められるリーダーが信用される

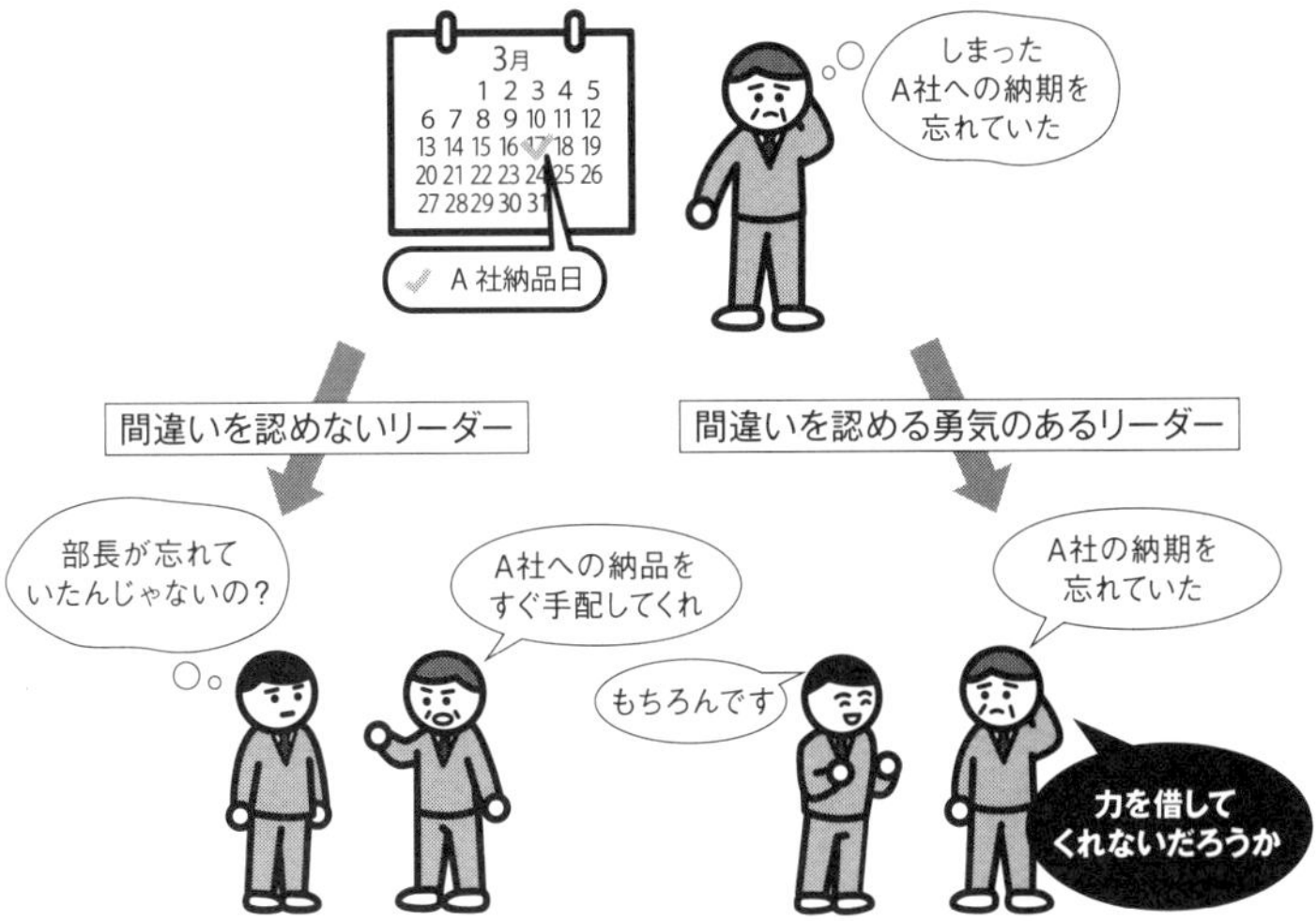
3月
A社納品日
しまった
A社への納期を
忘れていた
間違いを認めないリーダー
間違いを認める勇気のあるリーダー
部長が忘れて
いたんじゃないの？
A社への納品を
すぐ手配してくれ
もちろんです
A社の納期を
忘れていた
力を借して
くれないだろうか

ダーになるとなおさら始末が悪い。

自分の言ったことに縛られ、チームメンバー全体で間違った方針を共有する。気づいた時には、もう後戻りできないところにきているのだ。

考えたこと、言ったことが100%正しい人なんていない。誰でも間違うし、ミスも犯す。だからこそ間違った時は、素直に認める勇気が必要である。

ある経営者が「ビジネスには3つの坂がある。上り坂と下り坂と『まさか』です」と言っていたが、「まさか」を含めて、思い通りにいかない時こそ企業や人の真価が問われる。

だからこそ、**間違いは、素直に認める。間違ったと思えばすぐに修正する。そんな柔軟さを忘れないようにしたい。**

年間200台ぐらいに乗っている。車は大好きです

豊田章男さんは国際C級ライセンスをもち、「モリゾウ」というドライバー名でレースに出場するほどの車好きで知られています。

生まれた時からそばに車があり、庭先に置かれた車に触るのが大好きで、幼い頃の夢はタクシードライバーだったといいます。

もともとが車好きの章男さんが、さらに車にのめり込むようになったきっかけは、テストドライバーの成瀬弘《なるせひろむ》さんのひと言でした。

当時、常務として開発部門の改革に取り組んでいた章男さんは、初対面の成瀬さんに「もっといい車をつくりたい」と自らの思いの丈を話します。すると、成瀬さんから「運転のこともわからない人に、車のことをああだこうだ言われるのは迷惑だ」と一喝されてしまうのです。

章男さんは当時からドライビングテクニックに関して、それなりの自信をもってはいました。が、この出会いをきっかけに、より高度なドライビングスキルを身につけるようになったのです。

とはいえ、トップ自らレースに出場することへの危惧や批判があったのも事実です。「社長がやる意味があるのか？」という声に章男さんはこう答えています。

「逆にね、自動車会社の社長がやらない意味ってあるんですか。よくね、社長がなんで、それをやるのと言うんですけどね、じゃあ、誰がやるの」

つまり「私は車のプロモーターであり、車のセールスマン」であるというのが章男さんの強い思いなのです。

第4章

トヨタ式「チームを動かす人」になれるすごい！仕事術

第53話

トヨタの「会議は30分」な理由

「時は命なり」。会議の「ムダ」にも厳しいトヨタ

トヨタほどムダを嫌い、ムダを省く努力を積み重ねている企業はない。

人間が「仕事」と思ってやっていることの中には、「ムダ」と「付随作業」があり、ムダを省いて「正味作業」の比率を高めなければならない、というのがトヨタの考え方だ。

トヨタは、なぜそれほどまでにムダの排除にこだわるのか？ 生産性を上げる、原価を下げるという目的もあるが、根底には「時は命なり」という究極の理想論がある。

トヨタ元社長の豊田英二さんは時間についてこう言っている。

「私は『時は命なり』と考えています。時間が生命の尺度であり、非常に大切なものであると思います。我々は自分の時間を有効に使って、持ち味を活かしつつ最大の能力を発揮することには真剣に努力するものですが、部下の時間の使わせ方については、案外軽く見がちなものです。部下は、上司の命令によって大きな制約を受けることが多いので、上司

「会議のムダ」も改善する

「会議のムダ」に甘いと……
これが
こうなって
あれがこう
なります
長いなぁ
会議が長過ぎて
仕事が山積みだぁ～
「会議のムダ」に厳しいと……
会議は30分で
終わらせます
意見は
的確に
言おう
集中して
臨もう
会議が短いと
仕事がはかどる

の命令が不適切な場合、部下は時間のムダ使い、すなわち命の浪費になりかねないのです」

今の時代、「時間の大切さ」を否定する人はいない。ただ、「時間＝命」と考え、管理職に「部下の命を浪費するな」とまで言い切る企業はまずない。そこまで言うからトヨタは「ムダ」に厳しくあることができる。

元トヨタ社員がトヨタ時代に「会議は30分」と口を酸っぱくして言われたと話していた。

現実にはすべてが30分ではないにしても、会議のムダを嫌うトヨタらしい話だ。ものを探す時間もそうだが、**会議のムダも積み重ねると膨大な時間、つまりは命をムダにすることになる。**

「時は命なり」と言い切るからこそ「ムダ」にとことん厳しくできる。

第54話

上司が明るい職場は部下がミスを隠さない

部下が悪い報告をしてきたら、まず「ありがとう」

上司が優しくて罰則を科さない職場に比べて、上司が厳しくて罰則を科す職場は、ミスや失敗の数が少ないという調査報告がある。

この結果を見て「やっぱり上司は厳しくないとダメなんだな」と思った人も多いだろう。

ところが、ことはそう単純ではない。

実は、職場の実態を詳しく調べると、上司が厳しくて罰則を科す職場でもかなりのミスや失敗は起きている。

しかし、部下が叱責や罰則を恐れて報告をしないために、（表に出る）ミスや失敗は少ない、という結果になってしまうのだそうだ。

誰しも厳し過ぎる上司に悪い報告などしたくない。どんなに「悪い報告ほど早くしろ」と言われても、わざわざ叱られたい人などいないのだ。

あるトヨタ社員がこんなことを言っていた。

「逆説的だが、明るい職場はミスや問題も多いものです。しかし、それはミスを隠してい

「悪い」報告をしてきた時こそ「ありがとう」

「暗い職場」では悪いことが隠される
ミスするな
ガミガミ
怖いなぁ
しまった！ミスしたけど黙っておこう
イライラ
「明るい職場」では失敗が成果に変わる
書類に重大なミスがありました
よかった……
報告してくれてありがとう
おかげで早めに手がうてる

ない証拠。一見、ミスが少なく、暗い雰囲気の職場こそ、ミスが隠されている可能性がある」

ある職場の上司は、部下が悪い報告をもってくると、不機嫌になり怒鳴り散らしていた。その結果、部下からの報告が減り、正しい状況判断もできなくなってしまった。

そこで、部下が悪い報告をもってきたら、まず「ありがとう」と言うようにした。その上で、「どうしようか」と善後策を練るようにした。

すると、職場の雰囲気がガラリと変わり、成果も上がるようになった。

このように「上司が明るい職場は失敗が隠れない」は、トヨタの上司にとって鉄則の一つである。

第55話

「自分の知恵に固執しない人」が「真に知恵のある人」

みんなで知恵を出し合うことで、チームのやる気は高まる

トヨタの協力会社A社がトヨタ式をベースとする生産改革に取り組むため、トヨタからBさんを派遣してもらった。Bさんは「知恵のある男」と評判で、A社の社員はどんな指導をしてくれるのか、どんな改善をしてくれるのか、とても楽しみにしていた。

ところが、最初の1週間、Bさんは現場を見ているだけで何も変えようとはしない。2週間目に入ってようやく改善に取りかかったが、A社の社員が期待したようなものではなかった。Bさんは、自分がやった改善についてA社社員の意見を聞いて、その日の夜にさらなる改善を行った。

みんなが帰ってからも改善を続けるBさんを見て、A社の現場責任者は「どうして毎日、夜遅くまで残業をするのですか？　明日でもかまいませんよ」と言ったところ、Bさんはこう答えた。

「せっかく皆さんのいろんな意見を聞いたのに、明日に延ばしてしまうと明日も迷惑をか

「押しつけの改善」は知恵とやる気を奪う

改善を押しつける人
プレッシャー
工程を
もっと短く！
余計なことを
言うのはやめよう
ああしろ
こうしろ
みんなの知恵で改善する人
改善のアイデア
はありますか？
工程を今より
短くできます
なるほど

けることになりますから、できることは今日中にやることにしています。それに、**改善は私一人では60点のものしかできませんが、皆さんの知恵が集まれば１００点になりますから」**

Bさんは「知恵のある男」だけに、一人でも改善はできる。しかし、それではA社社員の知恵のつかない「押しつけの改善」になってしまう。**大切なのは「改善する」だけでなく、A社社員が「知恵を出し、自分たちで改善する」ことだ。**

その話を聞いて以来、A社社員はBさんにいろいろなアイデアを出すようになり、A社の改善は一気に進むことになった。

Bさんはやはり、現場の人の知恵とやる気を引き出す名人だったのだ。

第56話 平均で考えるな。1人の「0点」がすべてをダメにする

1人でも0点の接客をしたら、お客さまからの信頼はゼロ

車の販売方法が戸別訪問から来店型にシフトしていくと、それまで以上に販売店で働くスタッフ一人ひとりの力が重要になってくる。

戸別訪問であれば主役はあくまでも担当の営業社員であり、他のスタッフは営業社員のサポートに徹すればそれで十分だ。

しかし来店型の場合、担当の営業社員はもちろん、お客さまを迎えるスタッフやフロントの人間、あるいは修理や車検を担当するメカニック、さらには保険などを販売するスタッフなど、みんなの総合力が求められる。

どんなに営業社員ががんばっても、他の社員が失礼な対応やミスをすれば、それだけでお客さまが離れていくこともありえるのだ。

そうならないために、トヨタのある販売店の店長はメンバーを集めていつもこう言っていた。

「1人のゼロもつくるな」

仮に1人のお客さまに5人の社員が関わっ

1人の「0点」がチームの命取り

1人でも0点の人がいると……
フロント
営業
店長
整備
保険
10点
10点
10点
10点
0点
このお店は
0点だな
0点がいないと
フロント
営業
店長
整備
保険
10点
7点
7点
10点
9点
このお店は
信頼できそう

たとして、4人が10点満点の接客やサービスをしても、あとの**1人が0点の接客をすれば、すべてはダメになる。お客さまの評価は、平均点の8点ではなく0点になるというのが、店長の考え方だ。**

いかなる大企業が、どんなに派手なCMを打っても、お客さまはその製品を手にした瞬間、そこの社員と接した瞬間の印象でその企業を評価することになる。

だからこそ、店で働く一人ひとりが常に10点を目指してこそ店は強くなり、チームも成果を上げることができるのである。

第57話

ギクシャクしているチームに一番効くのは「おはようございます」

挨拶は心の潤滑油。心が通えば、わだかまりも解ける

人は環境の生き物だ。

仕事中は話しにくいことでも、飲み会の場では話せることがある。個人面談だからこそ、仕事上の悩みやトラブルを打ち明けることもできる。リーダーは、常に部下に個人として接することが求められているのだ。

そして、トヨタの上司もこう教えられる。

「すべての部下に、個人として接しなければなりません。部下は、人間であり、また個人でもあります」

個人として接していればこそ、「元気がないな」「顔色が悪そう」「最近、やたら怒りっぽい」といった小さな変化に気づくことができる。

どんなに「泥臭い」と言われても、個人としての部下に関心をもつ。そこから信頼関係が生まれ、良き人間関係が構築されるというのがトヨタの考え方だ。

翻《ひるがえ》って、リーダーに求められる役目の一つが良きチームづくりである。

「挨拶」習慣がチームを強くする

顔も見ず、挨拶もないチーム
ちょっと
調子が悪いな
シーン
メンバーの変化に気づかない
顔を見て挨拶をするチーム
おはよう
おはよう!
おはよう
ございます!
うまくいきました!
おはよう!
出張はどう
だった?
信頼関係が生まれる

「お互いプロなのだから、プロとしての仕事をする」のは当然のことだ。

しかし、仕事は人から人へ、人と人が関わって進む以上、いい人間関係を築き、信頼関係を構築することはとても大切だ。そこから強さも生まれる。信頼関係があればこそ、仕事はより円滑に進む。

そのためには何が必要か？　**まずは「おはようございます」と挨拶を交わすことだ。**挨拶はコミュニケーションの基本である。

挨拶を起点にチーム内でコミュニケーションをとれば、次第に情報の伝達がスムーズになっていくし、トラブルが起きても互いに助け合って乗り越えることができる。挨拶は心の潤滑油。大切にしたい。

第58話 「隣で働く人を『楽』にする」がチームを強くする

自分の持ち場以外にも気を配るとチーム力は上がる

海外勤務が長かった元トヨタ社員Bさんによると、トヨタ式の仕事のやり方が「陸上のバトンリレー」のようなものだとすると、欧米式の仕事のやり方は「水泳のリレー」のようなものだという。

水泳のリレーの場合、それぞれのスイマーが泳ぐ距離は決まっており、陸上リレーと違ってバトンを渡すゾーンはない。つまり各自の領域がきっちりと決まっている。そこから出ることもなければ、そこに他の人が入ることもない。これは欧米式の仕事のやり方とよく似ている。

一方、陸上のリレーではバトンを手渡すためのバトンゾーンがあり、2人の走者が共に走りながらバトンを受け渡すことになる。

バトンゾーンの使い方やバトンタッチ技術の巧拙で、通常では勝てないような強いチームに勝利することもある。

これこそ陸上リレーの醍醐味《だいごみ》であり、これはトヨタ式とよく似ている。

隣で働く人を「楽」にせよ

自分のことしか考えないチーム
私の仕事はここまでだ!
終わるかな
作業1
作業2
作業3
終わらない
作業2
作業3
終わったので
お先に
他の人のことも考えるチーム
これをやっておいたよ
ありがとうございます
作業1
楽
作業2
作業3
ここまで
一緒にやろう!
チーム力が向上
したなぁ
作業2
楽
作業3

仕事でもスポーツでも、チーム全員が同じレベルで高い能力を発揮できるのが理想である。しかし、ベテランや新入社員など、それぞれの能力には個人差があるのも現実だ。

そこで欧米式に「ここまでは私の仕事で、ここからはあなたの仕事」と区切ってしまうと、チームの力量が個人の力量の合計を超えることは絶対にない。

対してトヨタ式では、バトンゾーンで丁寧に仕事を手渡すことで、個人の力量の合計を超えたチーム力を発揮することができる。

つまり、**「どうすれば次の人がやりやすくなるか」を考えながら仕事をするのがトヨタ式なのだ。**そうした仕事のやり方こそがチーム力を高め、成果を上げることになる。

第59話

チームの信頼関係を強固にする「4つのコミュニケーション」

部下は上司の所有物ではない。一人の人間として扱うこと

リーダーに求められるのは良きチームづくりであり、チームとしてしっかりと成果を上げていくことだ。

ただ、できる人間だけを集めても成果は上がらない。

メンバーそれぞれが互いを信頼し、しっかりと意見を言い合い、助け合う関係を築くことがチームを強くする第一歩である。

そのために、トヨタ式では次の4つのことを大切にしている。

①「フェイス・トゥ・フェイス」のコミュニケーションを大切にする。

②部下の話を聞く時は、仕事の手を止めてしっかりと聞く。

③部下に対して細々とした指示は出さず、部下に考えさせる。しかし、本当に困った時は良きアドバイザーとなる。

④「同じ釜の飯を食う」機会をもつ。仕事中は話しにくいことでも、食事をしながらだと、話せることもあるからだ。プライベートな面

強いチームづくりに欠かせない4つのコミュニケーション

①顔を見て挨拶をする
おはよう!!
おはよう ございます!
おはよう ございます!!!
②部下の話は手を止めて聞く
いいよ
新商品のことでお時間いいでしょうか
④同じ釜の飯を食う
最近、上の子が反抗期で…
うちも大変だったよー
信頼関係
③任せて任さず
任せていた新商品の件、困っていることはないか?
ちょうど行きづまっていたんです

にも気を配っていると、お互いの悩みや疲れも察することができる。

最近では上司と部下の関係はどうしても希薄になりがちだ。ハラスメントの問題もある。それでも個人としての部下に関心をもつことで部下の変化に気づくことができるし、そこから信頼関係が生まれる。

結局、人を動かす！リーダーというのは、人との信頼関係を切り結ぶことができる人だ。そのためには組織という垣根を超えて一人の人間として向き合うことができるかどうか、そこにかかっている。

部下一人ひとりとの信頼関係の構築がチームを強くし、仕事の成果につながっていくのだ。

第60話 リーダーのムチャな注文がチームの限界を突破させる

「失敗してもいいから変われ」

トヨタの元社長・奥田碩さんの口ぐせは**「失敗してもいいから変われ」だった。**

どんなに繁栄している企業も、何も変えなければやがて衰退の道をたどる。社長に就任した奥田さんは社員に変わることを求め、実際にいくつもの変革を起こしている。

例えば1990年代半ば、トヨタのシェアは低下傾向にあった。原因の一つは若者の「トヨタ離れ」にあり、なんとか若者のトヨタ離れを食い止めたいと考えた奥田さんは1997年、各部署から集めた8人の係長に「君たちで若者の対応策を探れ」と指示している。

そこで発足したのが若者に的を絞った車を開発するための「ヴァーチャル・ベンチャー・カンパニー（VVC）」だった。オフィスは若者が集まる東京・世田谷の三軒茶屋で、平均年齢35歳、40人でスタート。約1年かけて10のモデルをつくり、うち3つのモデルを、「ヴィッツ」をベースに開発することになっ

「ムチャな注文」の中に「成功のカギ」がある

開発チームを
150人から
30人に
減らせないか
最初から無理と決めつける人
知恵を出す人
スピードが
落ちます
そんなの
無理です
うーむ
考えてみます
よろしく頼む!

た。その際、奥田さんはこう注文をつけた。

「車種の開発に延べ150人ほど開発要員が必要なのはわかっている。これをなんとか2、30人でできないだろうか」

「ムチャな注文」だが、「人は困らなければ知恵は出ない」がトヨタ伝統の考え方だ。

創造性に制約は欠くことのできないものだが、かといって、自分で自分を困らせることのできる人は滅多にいない。

そのためにリーダーがいる。奥田リーダーの「それは無理だろう」という過度な注文がきっかけとなり、最終的には従来の半分以下の人数で開発することに成功した。

以降、トヨタでは「より少ない人数での開発」「開発のスピードアップ」をみんなが課題として意識するようになる。

第61話

やりやすい仕事から手をつけない。優先順位を決めて守る

仕事は「緊急性・重要性」に応じて取り組め

ある居酒屋チェーンが、メニューの多様化に乗り出した時の話だ。

女性客にも足を運んでもらおうと、これまでになかったメニューをたくさん追加した。ところが厨房《ちゅうぼう》には、それだけ多くのものをこなす力がない。注文を受けてもすぐにお出しすることができず、長時間お客さまをお待たせすることがクレームにつながっていた。

本部が現場を調査したところ、厨房がつくりやすいものからつくっていることが真因であることがわかった。注文を受けた順に料理を出さないことでお客さまからクレームが発生。その間、配膳も止まってしまうため、さらに料理を出すのが遅れるという悪循環に陥っていたのだ。

ものづくりにおいては、優先順位を徹底しておかないと、つくりやすいものからつくってしまう傾向がある。

トヨタ式においても、情報の流し方や部品の配置の仕方などにいくつもの工夫をする。

「優先順位」が明確だと部下の仕事は「楽」になる

優先順位が曖昧だと…
電話対応はめんどうだ
とにかく書類を仕上げよう
……
大急ぎで完成させろって言ったくせに
お客さまの電話が最優先だ
優先順位がはっきりしていると…
電話は最優先
はい○×商事です
電話は最優先
おかげでお客さまからの評価は上々だ!!

つくる側の都合ではなく、お客さまの都合に合わせてつくる。ここを曖昧にしてしまうと、現場はつくりやすさを優先して、早くつくったり遅くつくったりが当たり前となる。

日常の仕事でも大切なのは、「やりやすいことからやる」ではなく、「優先順位」をつけて「緊急性・重要性に応じて」取り組むことだ。

優先順位さえしっかりつけていれば、慌てたり焦ったりがなくなる。

さらに、**優先順位を守るために「何をどうすればいいか」という知恵も出てくる。**

先のチェーン店でも、「お客さまの注文順に料理を出す」という優先順位を決めたところ、現場はスムーズに流れ始めたという。仕事は「やりやすさ」で決めてはいけないのだ。

第62話

ミスの原因を部下の不注意や能力不足のせいにししない

「仕組みに問題があったのかも」と考える

「失敗を部下の無能や偶然のせいにしない。システムの欠陥の兆候と見る」は経営学者ピーター・ドラッカーの言葉である。

何か問題が起きた時、つい「誰がこんなことをやったんだ」と言いがちである。

しかし、企業においては、この言葉には大きな問題がある。

失敗をした時の態度は、大きく2つに分かれる。

①「なぜ失敗したのか」と原因究明をする

②「誰のせいだ」と責任追及に走る

②の態度の人は、失敗から何も学ばず、失敗を糧にすることもできない。

大切なのは原因を調べ、二度と繰り返さないように改善し、改善後の成果を他の部署にも水平展開することである。

トヨタでは、失敗が起きた時は、人的対策だけでなく、可能な限り物的対策も講じるようにしている。

例えば、生産現場で働いている作業者の「不

「人を責める」のではなく「仕組み」を見直せ

不良品が
出てしまいました
困ったな
不良品
失敗をムダにするリーダー
失敗を糧にするリーダー
申し訳
ありません
もっと集中
してくれ!!
わかりました
どこかに
無理があった
のかもしれん
工程表
工程を
見直そう

注意」で不良が出た場合は、「もっと集中して仕事をしろ」「今後気をつけて」と注意だけで済ませることはしない。

よくよく調べれば、作業の手順や指示の出し方に問題があったかもしれないし、作業スピードに問題があったことも考えられる。

あるいは、作業者の仕事がハードで体調を崩した可能性もある。

そこで大切なのは、**「人を責める」ことではなく、「もしかしたら仕組みに問題があったのでは」と考えることだ。**

手間はかかるが、こうした改善を積み重ねることで、人がミスをしようと思ってもできないほどの改善が可能になるのだ。

第63話 他部署の問題に「見て見ぬふりをする」派か？「指摘する」派か？

「自分さえ良ければ」「自部署さえ良ければ」が会社をダメにする

他部署で問題が起きた時、あなたは部署やグループの垣根を越えて、指摘や改善の提案をすることができるだろうか。

もちろん、他部署や他グループの火事だから、かけつけなくても責められることはない。自分の仕事で精一杯だったと言えばいい。

しかし大野耐一さんは**「問題があっても代案を考えないのは、『越権行為だと遠慮する』のではなく、『責任転嫁』である」**と言い切っている。

つまり、問題が起きている時は、遠慮だの自分の担当じゃないからだのと言っている場合ではない。問題に対して指摘もせず代案も出さないというのは、怠慢であり責任転嫁も甚《はなは》だしい、ということだ。

自分の仕事に責任をもつのは当たり前のことだ。成果を出したいと懸命に取り組むのは自分の仕事だからだ。

しかし、**「自分のところはちゃんとやっている」という思いが「自分のところさえ良け**

「自分さえ良ければ」を捨てる

商品に欠陥が見つかった
大変だ
品質管理部
おや？
「見て見ぬふり」をする人
助け合おうとする人
自部署のことで精一杯だから……
品質管理部
ありがとう!
私にできることがあったら言ってください

れば」という意識につながってはいないだろうか。それは、やがて組織全体の力の低下につながっていく。

ある企業の経営者は、かつて他の事業部との共同開発を役員に直訴したものの、組織の壁に阻まれるという苦い経験をしている。

その結果、まんまとライバル企業に取引先を奪われてしまった。

「自分さえ良ければ」「自部署さえ良ければ」をなくす。そのためにはリーダーの「いいアイデアがあったら言ってくれ」「改善点があれば教えてほしい」という姿勢が欠かせない。

その姿勢が人の心を動かし、組織の壁を乗り越えさせる原動力となる。

会社も大きな一つのチームなのだ。

第64話 リーダーは苦しい時こそ「笑顔」と「挨拶」

ウソでもいいから笑ってみよう。笑うと元気はついてくる

「こちらの社員は皆さん元気がいいですね、どうすればうちもこんな社員を育てられますかね」とは、トヨタ生産方式を実践しているA社を訪問した人々の言葉だ。

しかし、かつてのA社は売上の低迷が続き、社員は元気どころかやる気さえ失っていた。そこへ新しい社長がやってきた。

新社長は、とにかく現場に毎日何度も足を運び、「おはよう」「こんにちは」と挨拶をして回った。最初は誰も返事をしなかったが、気にせず続けているうちに、1人2人と挨拶を返してくるようになった。

やがて、「ここを変えたいのですが」といった改善案まで寄せられるようになった。

新社長はこう振り返っている。「私は自分から挨拶はしますが、挨拶しろとは言いません。挨拶をしないのは何か面白くないこともあるのでしょう。そんなことは気にしないで、こちらが元気に接していれば少しずつ変わってくるものです」

「笑顔」と「挨拶」で人は変わる！

赤字や業績の低迷が続くと、社員はどうしても気が滅入り、会話も後ろ向きになる。口をついて出るのが愚痴や上層部への不満ばかりになり、その暗い気持ちが状況悪化に拍車をかけていく。

だからこそ、**どんなに厳しい状況でも、いや厳しいからこそ笑顔を浮かべ、心を明るくすることが大切なのだ。**

トヨタグループのある経営者も社員に気軽に声をかける人だったが、よくこんなことを言って社員を元気づけていた。

「不景気な顔をしていないで、ウソでもニコニコしろ」

不景気な顔をしていては、いい知恵も浮かんでこない。挨拶は明るく元気よく。そんな日々の習慣が、会社も個人も元気にしてくれる。

1日1回は 大きな声を出して笑おうよ

豊田章男さんが社長に就任したのは、2008年、リーマン・ショックによってトヨタが71年ぶりに4610億円の赤字に転落した時のことでした。タイミングが悪いことにこの時、アメリカに端を発した大規模リコール問題も発生します。

今でこそこのリコール問題は、「トヨタ被害者説」が国際的にも定説になっていますが、当時、社長である章男さんは、社長退陣説やアメリカでの逮捕説さえ流れるほど追い詰められていました。

アメリカの公聴会出席のため、早めに渡米した章男さんは、関係者数人で別荘にこもって準備を始めます。みんなが緊張で深刻な表情をする中、章男さんは**「1日1回は、大きな声を出して笑おうよ」**と声をかけ、明るく振る舞いました。危機にある時、誰もが暗くなりがちですが、そんな時だからこそトップは陽気でなければならない、というのが章男さんの信念でした。

その後「トヨタの全責任を背負う」覚悟で公聴会に出席した章男さんは無事に乗り切り、テレビ出演でトヨタへの悪いイメージを払拭することに成功します。その後、心配してワシントンに集まっていた現地の販売店やサプライヤーの会合に出席、章男さんは、「私は1人ではなかった」と涙を見せながら謝辞を述べています。

以来、アメリカで公聴会の開かれた2月24日を「トヨタ再出発の日」と定めた章男さんは、その後の東日本大震災などの危機も見事に乗り越えていきます。

第5章

トヨタ式

「人を動かす人」になれるすごい！仕事術

第65話 トヨタでは「仕事は順調です」はNG

言葉が曖昧だと成果も曖昧

トヨタの特徴の一つは、「定義」を重んじるところにある。

若いトヨタ社員のAさんが上司から仕事の進み具合について聞かれ、「至って順調です」と答えたところ、すぐさまこう言われた。

「じゃあ、『順調』の定義を言ってみろ」

そこで、Aさんが「遅れずに仕事が進んでいることです」と答えたところ、さらにこう指摘された。

「仕事に終わりなんてない。つまり、仕事に『順調』なんて言葉はないんだ」

Aさんは最初、狐《きつね》につままれたような気分だった。しかし、しばらくして「順調」というのはただの自己満足に過ぎず、上司は常に「より良く」を求めているんだ、ということに気づいた。

例えば、私たちが何気なく使う言葉に「丁寧に」がある。

ある販売店の店長もしばしば社員に対して「お客さまに丁寧な接客を」と言い続けてい

言葉を「定義」すると部下の意識が変わる

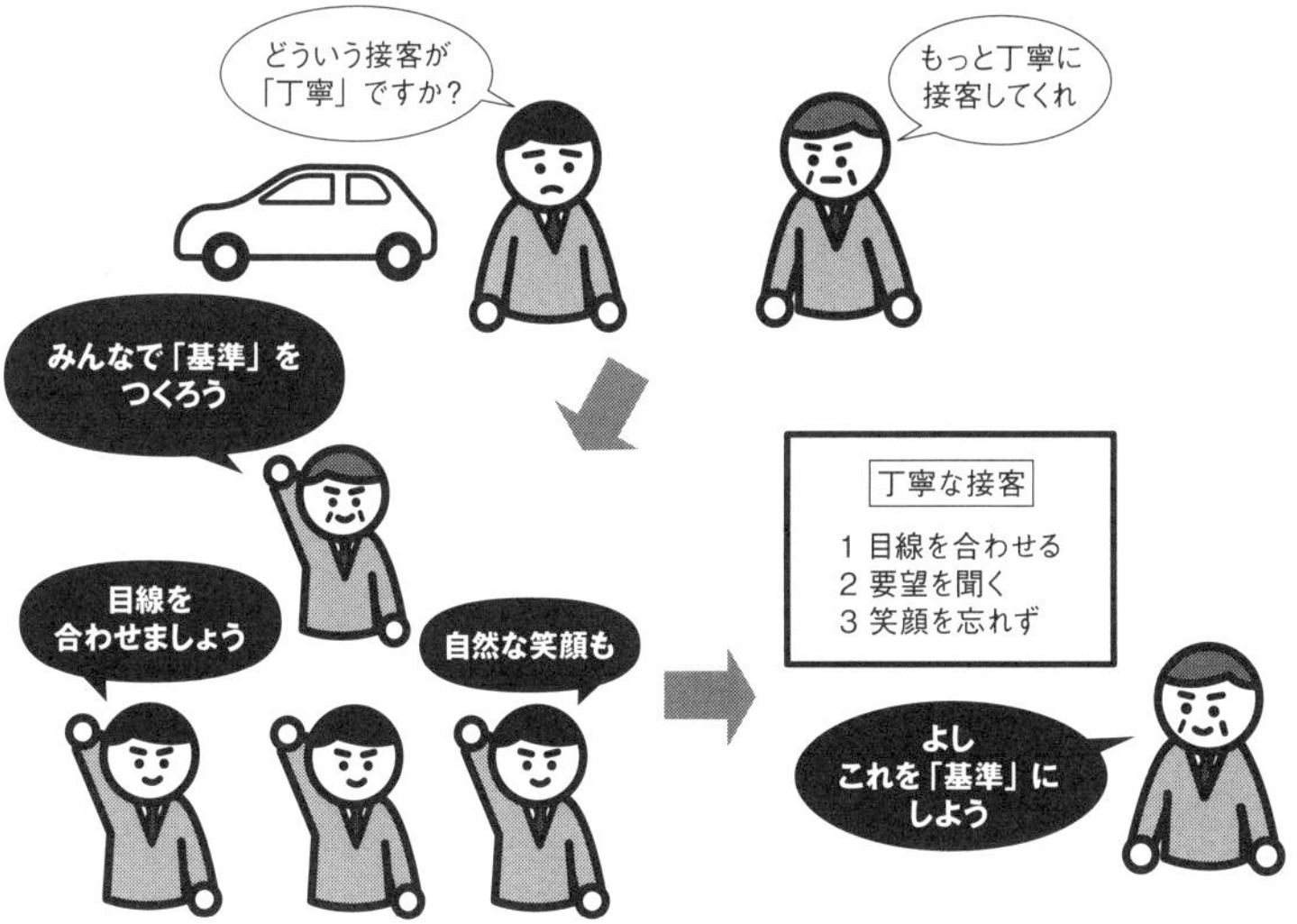
どういう接客が
「丁寧」ですか？
もっと丁寧に
接客してくれ
みんなで「基準」を
つくろう
目線を
合わせましょう
自然な笑顔も
丁寧な接客
1 目線を合わせる
2 要望を聞く
3 笑顔を忘れず
よし
これを「基準」に
しよう

た。しかしある日、若い社員から「『丁寧に』というのはどういう意味ですか」と聞かれて、はたと考え込んでしまった。

言葉では「丁寧にやれ」と言うが、店長の考える「丁寧に」と、若い社員の「丁寧に」は違う。また、お客さまにとっての「丁寧に」は全く違うかもしれない。お店の考えがバラバラなのに「丁寧な接客」などできるはずもない……。

そこで店長は社員を集めて「丁寧な接客ってなんだろう」を一緒に考えた。まずは自分たちなりの「基準」をつくる。そして「基準」を「もっと良く」と改善していく。**みんなの「丁寧に」が統一されて初めて、「丁寧な接客」ができるのだ。**

第66話

人は「権限」で動かすな。「○○」で動かせ

「権限」で動かしても「一時的」。「説得」で動かすと「永遠」

トヨタで仕事をする上で強く求められるものの一つが「説得力」だ。

5代目「カローラ」の主査を務めた揚妻文夫《あげつまふみお》さんは、フルモデルチェンジにあたり、駆動方式を従来のFR方式（後輪駆動）からFF方式（前輪駆動）に変更することを上司に提案した。世界市場で戦うための提案だったが、膨大な設備投資費用がかかることもあり、上司は大反対、「主査をやめさせる」とまで言い出した。

思い余った揚妻さんは当時副社長だった豊田章一郎さんに直訴した。直属の上司よりさらに上の人の助けを借りようと考えたのだ。

章一郎さんは計画に同意はしたものの、上司を説得することと、経理の責任者である花井正八《はないまさや》さんを説得するのは「君の仕事だ」と突き放した。

揚妻さんは必死になって知恵を絞り花井さんと上司を説得することに成功、最終的に「カローラ」のFF化に漕ぎつけた。

「権限」ではなく「納得」で人を動かす

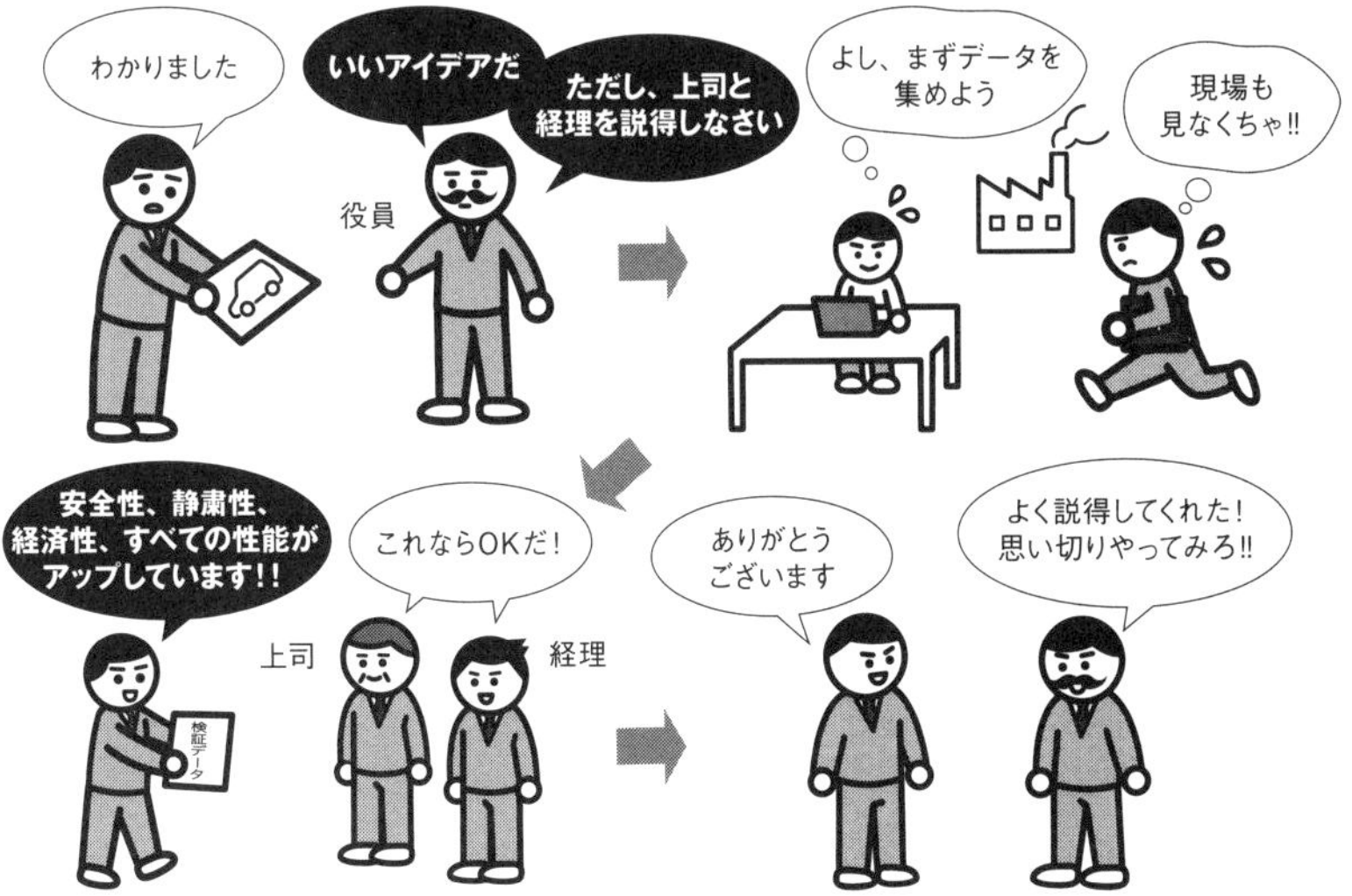

こうした経験をもつだけに、揚妻さんは後輩の主査にいつもこう言っていた。

「チーフエンジニアに命令権はない。権限はない。あるのは説得力だ」

「正しいと思うんなら、相手を説得してやってもらいなさい」

チーフエンジニアには相応の権限はある。しかし、権限を振りかざして頭ごなしにやらせても、2度、3度は通用しない。

それより**相手を説得し、納得させ、信頼関係を築きながら仕事を進めていく。その力があってこそいい仕事ができる。**

自分がどうしてもやりたいことがあるのなら、上も下も説得できる力が不可欠であり、それを教えるのも上司の役目である。

第67話

自信のない部下が自然と動くようになるコツ

リーダーの仕事は「プロである」という自覚をもつ人を育てること

「ものづくりは人づくり」は、トヨタの現場において最も大切にされている考え方だ。松下幸之助さんも「電気製品もつくっているが、人間をつくっている」と口にしている。

つまり、企業が永続的に成長していくためには人を「使い捨てにする」のではなく、「人をつくる」という姿勢が欠かせない。

9代目「カローラ」のチーフエンジニアを務めた吉田健さんは**「車づくりをしながら、僕は人づくりをしているんじゃないか」**と考えることがよくあったという。

チームのメンバーにトヨタのフィロソフィーを叩《たた》き込み、自分が目指していることを何百回も繰り返す。メンバーと何度も何度も対話をする。可能な限りメンバーに権限を委譲することで、メンバーを育てようとするが、中には「全面的に任される」ことをためらう人間もいるという。責任の重さから、「まだその任ではありません」というわけだ。

そんな時、吉田さんは**「お前、プロだろう」**

プロの自覚をもたせれば、人は動く

と投げかける。

たとえ若くて経験が浅くても、仕事の場では誰もが「プロ」である。プロだったら、任された課題がどれほど難しくても、自分で考え、自分の責任でやろうという意欲が欠かせない。

チームのメンバーである以上、一人ひとりがプロとしての自覚をもつことが重要だ。プロだからこそ真剣勝負ができるし、本気の議論もできる。

上に立つ人間はメンバーをプロとして尊重し、メンバーも「自分はプロである」という自覚をもって仕事をしてこそ、チームは強くあることができるし、人も成長する。

第68話

厳しい指導の後は必ず「F」を添えよ

厳しく叱った後に、フォローがあるかないかで大違い

「褒めると叱るは車の両輪」といわれるように、上司にとって部下を指導するのはとても難しい。

「最近の若い人は叱られるのに慣れていないから褒めることが大切」といって褒めてばかりいると、肝心な時に叱れなくなってしまう。だからといって、なんでもかんでも叱ってばかりいると部下は萎縮してしまう。

トヨタの上司は、部下を厳しく指導はするが、挑戦して失敗した部下に挫折感を与えない。そのため、難しい課題を前に立ち往生した部下のことを突き放すことはしない。

大学を卒業して現場の技術者として配属されたトヨタ社員Aさんの話だ。

Aさんがある日、仕事を終えて帰宅しようとすると、「鬼より怖い」といわれた工長から「お前の入れた設備に不具合が出ているから来い」と現場に呼び出された。

既にスーツに着替えていたAさんは、部下が点検しているのを傍《はた》から見ていたが、工長

叱った後のフォローが部下との信頼関係を強くする

すみません
確認して
いませんでした
不具合が出ているぞ!
ちゃんと安全確認は
したのか!
叱ってばかりで萎縮させる人
フォローして信頼関係を築く
申し訳
ありません!
何度言ったら
わかるんだ!!
ガミ
ガミ
担当業務が増えて
手が回りませんでした
君らしくなかったなぁ
どうしたんだ?
次から気を
つけろよ

に「そんなところから見えるか」と怒鳴られた。

そのひと言で自ら修理することを決めたAさんは、上着を脱いでワイシャツ姿のまま汚れるのも気にせず設備を修理した。

Aさんに「現場の厳しさ」を教え込んだ工長は数日後、Aさんを自宅に呼んで食事を振る舞った。

そして帰り際に工長の奥さんから、「ワイシャツを汚したそうでごめんなさいね」と、新しいワイシャツとネクタイを手渡された。

工長は厳しい指導で知られていたが、部下へのフォロー（F）も忘れなかった。

厳しいだけだとパワハラと受け取る部下もいるが、適切なフォローが入れば、上司への不満が信頼に変わるのだ。

第69話 働いた気になっている社員は「挑発」し「気づかせ」「考えさせる」

「仕事」と思ってやっていることの中にたくさんのムダがある

大野耐一さんは、時に生産現場で働く社員に向かって挑発的な言葉を投げかけることがあった。

その一つが**「1日に1時間くらいは仕事をしてくれ」**だ。

今でもそうだが、毎日のように残業をして一生懸命働いている人にこんなことを言えば、たいていの人は「なんてことを言うんだ」と頭にくるだろう。

大野さんはそんな頭に血の上った社員に対して、仕事と思ってやっていることの中には「ムダ」と「付随作業」と「正味作業」の3つがあることを説いて聞かせた。

「ムダ」というのは、文字通りなんの付加価値も生まない作業のことだ。

「付随作業」というのは、部品の梱包を解いたり、商談のための移動のような、必要だけれども、やはり付加価値を生まない作業である。

そして「正味作業」というのが文字通り仕

残業して働いた気になっていないか

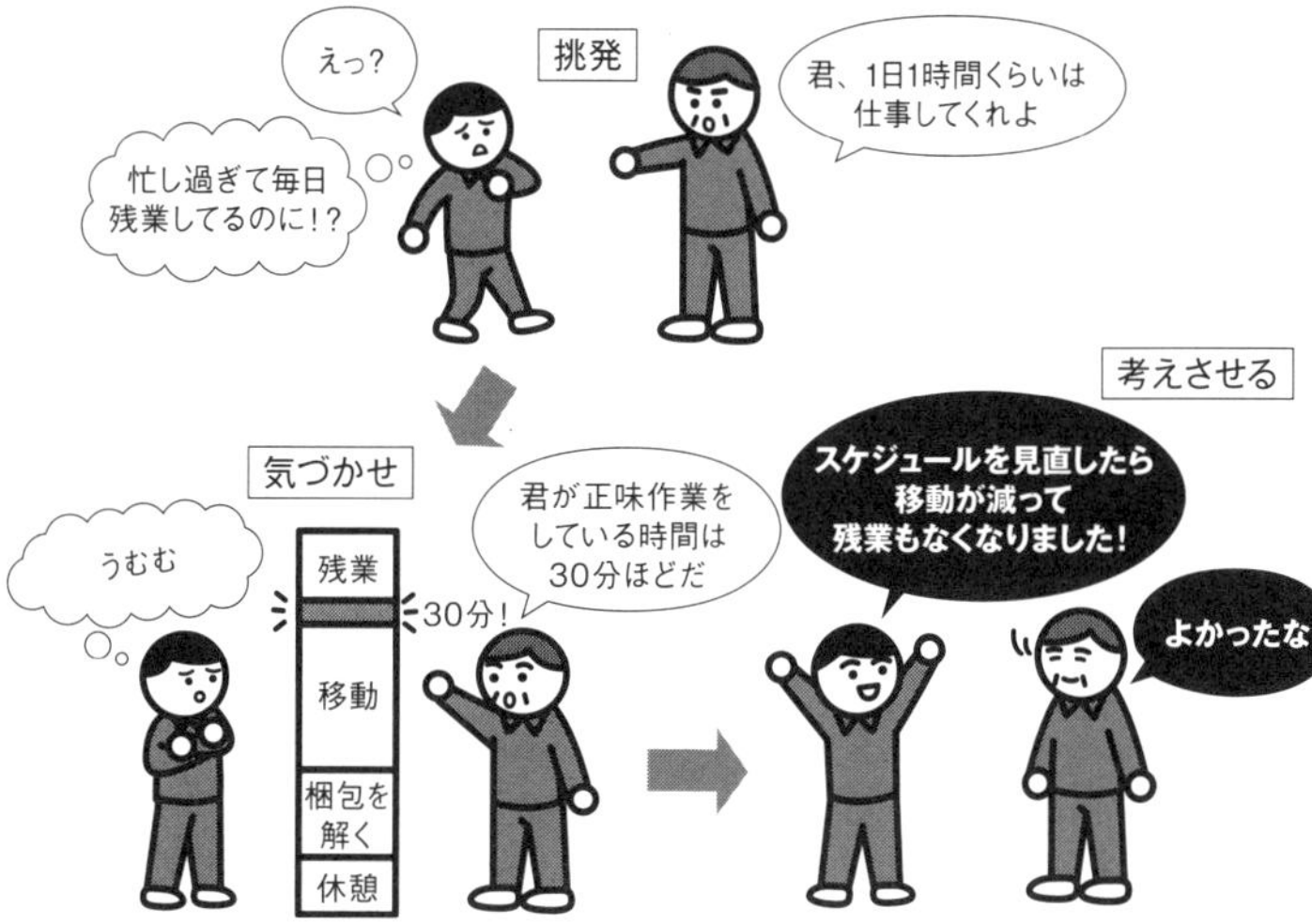
挑発
えっ?
忙し過ぎて毎日
残業してるのに!?
君、1日1時間くらいは
仕事してくれよ
気づかせ
うむむ
残業
移動
梱包を
解く
休憩
30分!
君が正味作業を
している時間は
30分ほどだ
考えさせる
スケジュールを見直したら
移動が減って
残業もなくなりました!
よかったな

事を前に進め、付加価値を生む作業のことだ。

理想は仕事のすべてが正味作業になることだが、現実にはなかなか難しい。それでもなんとか正味作業を増やそうと、ムダを省き、付随作業も減らしていくのがトヨタ式の改善である。

大野さんは**毎日、残業をして「働いた気になっている」社員にあえて刺激的な言葉を投げかけて、自分たちが「仕事」と思ってやっていることの中にたくさんの「ムダ」があることを気づかせようとした。**

まずは挑発し、気づかせ、そして考えさせる。その繰り返しを通じて、トヨタ式の改善は現場に定着していくことになったのである。

第70話 部下のネガティブな思い込みには「褒める」が効く

アメリカ人の意識をも変えたトヨタ式言葉がけ

トヨタ式ものづくりの一つに「異常があればすぐにラインを止める」がある。大きな異常ならどんな工場でもラインを止める。

しかし、大量に生産するものの中に、わずかな不良品が見つかった程度の小さな異常ならそのまま生産を続ける工場も少なくない。

しかし、トヨタではどんな小さな異常でもそれに気づいた人がラインを止め、「なぜ異常が出たのか」という真因を調べて改善する。

トヨタは、1988年、アメリカのケンタッキー工場で生産を開始した際にも、「異常があればすぐにラインを止める」やり方を持ち込んだ。ところが、当時のアメリカでは「ラインを止める」＝「レイオフ（解雇）される」という考え方が一般的だった。だから、日本から派遣されたトヨタ社員が「異常があったらラインを止めるように」と言っても、誰も止めようとはしなかった。

これではトヨタ式の定着は難しい。そこで、当時の工場責任者で、後に社長となる張富士

「褒める」は万国共通の特効薬

アメリカでは異常があっても
ラインを止めてくれない…
ラインを止めたらレイオフされる
異常があっても止めるもんか!!
異常があったので
ラインを止めました
日本より
止め方が
うまいね
異常があったら
ラインを止めて
いいんだ
STOP
褒められてる!!

夫さんは日本人社員にこう言った。**「ラインを止めたら、『日本より止め方がうまいね』と褒めてやれ」**

「褒めると叱るは車の両輪」とよくいわれるが、「ラインを止める」＝「レイオフされる」と思い込んでいる人たちの意識を変えるには、「ラインを止める」＝「褒める」が一番だ。

実際、最初の1、2年、ラインを止めた社員を褒め続けたところ、アメリカ人の社員も「ラインを止めても大丈夫なんだ」となり、「異常があればラインを止める」が定着することとなった。

相手のネガティブな思い込みを変えるためには、「褒める」ことが欠かせない。

第71話 「考える余地」があるから知恵が出る

頭ごなしの「やれ」では、知恵も出ないし、協力も得られない

「人間尊重」は、企業の経営理念でよく使われるが、「人間性尊重」はあまり耳にしたことがない。

「人間性尊重」は、「トヨタウェイ２００１」というトヨタが最も大切にする考え方を世界中のトヨタで働く人たちに伝える活動方針で、「知恵と改善」と並んで、大事な柱として掲げられている。

「人間尊重」の方は、言葉通り「人間を尊重する」ということだが、「人間性尊重」は、人間が本来もっている「考える力」を最大限に尊重することを指している。

どれほど人に優しい作業環境をつくったとしても、そこで働く人たちに「言われた通りにやれ」では、「考える力」を奪うような物言いになってしまい、「人間性尊重」とはならない。

かつて若いトヨタ社員が、生産現場の改善活動に勤しんでいた頃の話だ。

現場の人にいくら指導しても結果が出ない

働く人の「考える力」を引き出す

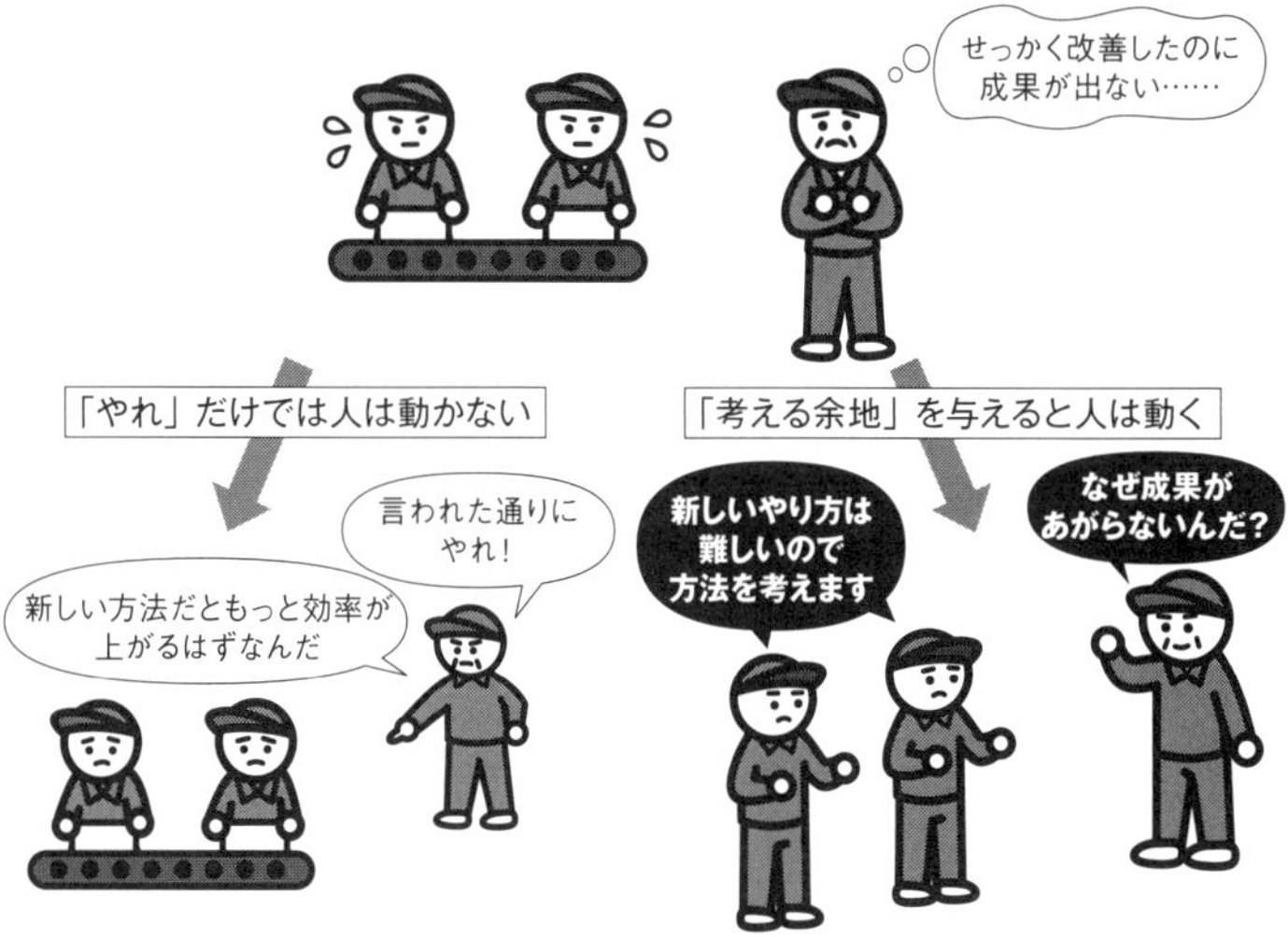
せっかく改善したのに
成果が出ない……
「やれ」だけでは人は動かない
「考える余地」を与えると人は動く
言われた通りに
やれ!
新しい方法だともっと効率が
上がるはずなんだ
新しいやり方は
難しいので
方法を考えます
なぜ成果が
あがらないんだ?

ことに焦り、「この通りにやればできるんだからやってみろ」と言ったところ、そばで見ていた大野耐一さんに厳しく叱られた。

理由は、いくら「楽になる」改善を考えたところで、「なぜうまくできないのか」を考えずに、頭ごなしに「言われた通りにやれ」では、単なる労働強化にしかならないというものだった。

リーダーで大切なのは、**働く一人ひとりに「考える余地」をいかに与えるかであり、みんなの「考える力」をいかに引き出すかだ。**

企業として人間を尊重するのは当然のことだが、もっと大切なのは、人間性を尊重することだ。トヨタ式が目指すのは「人間尊重」＋「人間性尊重」なのである。

第72話

新入社員にはまず「諦めない心」を身につけさせよ

ベテラン熟練工が確固たる信念、技、志を新入社員に叩き込む

ものづくりの世界で不良をゼロにするというのは、とてつもなく難しい。人によっては「不良をゼロにしたければ、ものをつくらないのが一番」という言い方をする人がいるくらい、不良ゼロは難しい。

車づくりにおいても頻繁にリコールが行われるように、出荷時はともかく、乗っているうちに不具合が見つかるというのはある意味仕方のないことでもある。

つまり、ものづくりには不良や不具合がつきものということだが、かといって「仕方がない」と諦めていては「より良いものづくり」は実現しない。

トヨタの工場には、熟練工が若い社員に技を教え込む「道場」が何ヶ所もある。

元町《もとまち》工場（豊田市）で30年以上にわたって車をつくり続けてきたAさんの役目は、入社して1、2年の若手社員を1週間つきっきりでマンツーマン指導することだ。

指導はきめ細かい。なぜ工具のレバーを人

完璧を諦めるようならリーダー失格

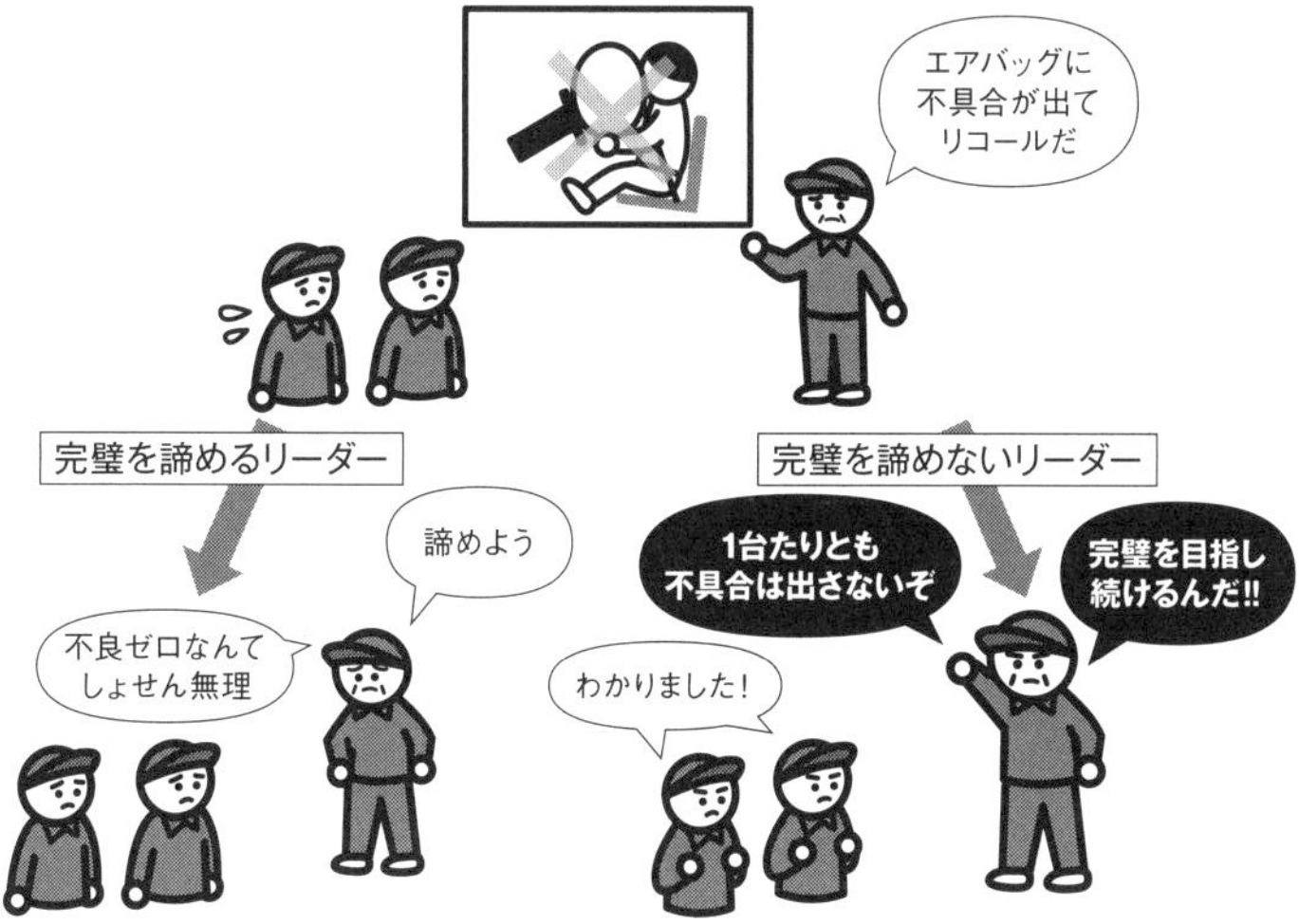
エアバッグに
不具合が出て
リコールだ
完璧を諦めるリーダー
完璧を諦めないリーダー
諦めよう
不良ゼロなんて
しょせん無理
1台たりとも
不具合は出さないぞ
完璧を目指し
続けるんだ!!
わかりました!

差し指ではなく、中指で引くのか。

ボルトの締め付け具合にバラつきが出ないためには何が必要か。

こうしたことをできるまで教えながら、こう言い続けている。

「1台たりとも不具合のある車を出すな」

組み立てに限らず、人間が作業を行う以上、完璧を求めるのは難しい。

だからといって、決して諦めてはいけない。

しっかりとした技と、「絶対に不具合は出さない」という確固たる信念をもって作業に取り組むことが重要なのだ。

技や信念、志が先輩から後輩へと受け継がれてこそ、初めてより良いものづくりが可能になるのだ。

第73話

ライバルに勝つために必要な「正しい努力」の仕方

「努力を面白がる」ゆとりをもつ

日本もかつては、もの不足と安い人件費を武器に高度成長を遂げた時期があった。

しかし、80年代あたりから人件費が高騰して、人件費の安い中国や東南アジアに生産が移管され始めた。その途端、おかしくなったのが国内のものづくりだ。

こうした問題が起き始めた時、大野耐一さんは言った。

「向こうが10人でやっている仕事だったら、こっちはなんとか1人でやることを考えなくてはいけない」

「初めから『10分の1の人間ではできっこない』と諦めて1つも減らさなかったら、これはもう早いとこ潰した方がいい」

と、とにかく工夫すること、勉強することをみんなに求めた。

大野さんは、「1人の人が1つの作業しかできない単能工ではダメ。いくつもの作業をこなせる多能工としての能力を身につけ、ムダを排した仕事をせよ。そうすれば、中国や

努力を面白がれる人が仕事もうまくいく

人を10人から
5人に減らすことは
できないだろうか？
知恵を出すのが苦手な人
努力を面白がれる人
そんなの絶対
無理です!!
……
工程を見直したら
5人でできました！
知恵を出した
ことが実現すると
面白いよな

東南アジアにも負けない」と言っていた。

このように、**トヨタ式はいつだって現在のやり方を最善とは考えない。**知恵を絞り、工夫を凝らし、ムダを徹底的に排除していけば、より良い仕事のやり方がある、と考える。

これまで2人でやっていた仕事を1人でできないか、1時間かかっていた仕事を30分でできないか、必要なものをすぐ取り出せるようにするのは、どうしたらいいか……。こうした知恵と改善の積み重ねが、人を変え、チームを変え、会社を変える。それが競争力に置き換わると信じている。

知恵を絞って、限界に挑む努力を続けること。そして、その努力を面白がる気持ちをもつことだ。

豊田家の全財産を失っても納屋だけは守れ

「トヨタ式は人間の知恵の上に自働化とジャスト・イン・タイムの２本の柱が立っている」は、トヨタ式の原点を教える言葉です。

「自働化」は、豊田章男さんの曽祖父・豊田佐吉さんが考案したものづくりの仕組みです。佐吉さんは貧しい家に生まれ十分に学問をすることはできませんでした。が、独学で優れた自動織機を発明、海外企業がその特許を買う（そのお金がトヨタ自動車創業のもとになる）など、大正時代を代表する発明家です。

佐吉さん考案の自動織機には経糸や横糸が切れたりした場合、すぐに機械が止まる仕組みが組み込まれていました。そうすることで機械が不良品をつくることを防ぐことができるだけでなく、人による機械の監視が不要になるのです。

トヨタ式の「問題があればラインを止める」考え方はここから生まれています。もう一つのジャスト・イン・タイムはトヨタ自動車創業者で、章男さんの祖父・豊田喜一郎さん考案の仕組みです。トヨタ式の「必要なものを、必要な時に、必要なだけ」の考え方に活かされています。

章男さんは父である章一郎さんから**「豊田家の全財産を失っても、納屋だけは守れ」**と言われて育っています。

納屋というのは若き日の佐吉さんが発明に明け暮れた場所で、現在、トヨタが保存し公開しています。企業には守るべき価値観や文化がありますが、この言葉は章男さんにとってトヨタの原点を守る大切さを教えてくれる言葉なのです。

第6章

トヨタ式

「会社を動かす人」になれる すごい！仕事術

第74話

「こんな規則守れるか！」と思ったら自らルールを変えよ

会社の規則であっても、人が決めたことなら変えられる

学校や会社には、守るべきルールや規則がある。中には「ブラック校則」といわれるような時代錯誤の規則もあるため、それらに対する反発からルールや規則を無視する人もいる。また、規則を破ることを「格好いい」と考える人もいる。

トヨタの現場でも同じだ。トヨタの現場には仕事のやり方に関する「標準作業」があり、「決められたことを守る」＝「標準作業通りに仕事をする」ことがとても大切になる。車という人の命に関わるものをつくる以上、当然のことだ。しかし中には「決められた」を「上からの押しつけ」として反発する人もいる。

こんな人に対し、トヨタ式の基礎を築いた大野耐一さんはこう言った。

「『決められたことを守れ』が嫌なら自分で決めりゃいいじゃないか」

仕事のスタートは、まずは標準作業を守る。つまり決められた通りのことをやる。その上で「どこがおかしいのか」「どうしたら良く

規則を変えるカギは「どうしたら今より良くなるか」

新ルール
・昼休みの外出禁止。
気ばらしができないと
午後のやる気もなくなるよ…
時間を厳守するので
お昼休みの外出を許可
してください
工場長に
かけあってみるよ
改新ルール
・昼休みの外出を許可する。
ただし時間厳守のこと。
ヤッター!!
ルールが
変わったぞ!
仕事のやる気も
出てきたぞ

なるのか」を自分なりに考える。そして上司に「標準作業ではこのように決められていますが、こうした方がもっと良くなるんじゃないでしょうか」と提案をする。

上司は上司で「いや、やはり今の方がいいぞ」と説得してくるかもしれない。「そりゃあ、いい考えだ」と採用するかもしれない。どちらにしても、「決められたこと」が「自分で決めたこと」になる。

「こんなおかしな規則なんか守れるか」と思った時は、「じゃあ、どうすればいいか」を自分で考えよう。「決められた」規則は嫌でも、「自分で決めた」規則なら自然と守れるようになる。大事なのは、「自分で自分をやる気にする工夫をする」ことだ。

第75話 異論の出ない会議では「あえて」異論を唱える

会議は「全会一致を演出する場」ではない

トヨタが会議で重視していることの一つが「異論」である。

トヨタの元社員Aさんは、市議会議員をしていた時、公共事業の予算案について議会で異議を唱えたところ、他の議員から「君はみんなが賛成しているこの案に反対なのか」と詰め寄られたことがあったという。

このように、会議において異論を唱えると、歓迎されないことは少なくない。議題についての説明や報告は行われても、新たな問題を提起したり、異議を唱える人は「反対者」とみなされ嫌がられる。

ただ、Aさんは公共事業に反対していたわけではない。「もっと良いやり方はないのか」「もっと安くできる方法はないか」という問いかけをしただけである。

それはトヨタでいう**「あえて異論を唱える」**やり方だったが、なぜか「異論」＝「反対」と誤解する人が多くて困ったそうだ。

トヨタの会議で、異論なき全会一致は「良

「異議なし」「全会一致」は危険信号

異論が出ないと……
A案に
賛成の人
賛成
トラブル
発生
コスト高
時間がかかる
品質低下
後から問題が見つかる
異論が出ると……
A案に
賛成の人
コストが
かかり過ぎます
C案なら
コストも時間も
削減できます
異論を
出してもらって
よかった
コスト
時間
品質
先に問題解決できる

し」とはされない。

「異論がなければ異論をつくれ。もし異論がないとすれば、異論を見落としていると思え」

日本の企業では、会議でもチームミーティングでも、みんなが賛成しているものに対して、「異論を唱える人」は「厄介な人」と見なされがちだ。

しかし実際には、異論を唱える人がいるからこそ、プロジェクトなどの問題点が見えてくるし、その問題点を解決するためのアイデアも出てくることになる。

トヨタにおいて、会議は「全会一致」を演出する場ではない。異論を唱え、その異論を踏まえて「では、どうするか」を議論する場なのである。

第76話

「三振はいいが、見逃しはダメ」でチャレンジ精神を養う

失敗に寛容で挑戦を後押しする風土があるのがトヨタ

トヨタは、伝統的に「失敗」を前向きに捉えるところがある。

トヨタの元副社長・楠兼敬《くすのきかねよし》さんがこう話している。

「トヨタのトップは、新しいアイデアを生む努力をせず、新しい挑戦をしない者を叱るが、努力し、挑戦したが失敗した者は叱らない」

そこにあるのは、上司の役目は「部下のアイデアや挑戦を批判するのではなく、助けることだ」という考え方だ。

なぜそれほどまでに、失敗に前向きでいられるのだろうか?

トヨタグループの始祖・豊田佐吉さんは大正時代を代表する発明家の一人である。ある時、設計図面を盗まれたことがあり、周りの者は騒ぎ立てたが、佐吉さんは悠然と構えていた。

理由は、盗んだ人間は図面と同じようなものを真似てつくることはできても、それ以上の改良はできないから、というものだった。

チャレンジした部下を叱ってはいけない

泥棒には図面が完成するまでの失敗経験がない。しかし、自分たちは試行錯誤を繰り返しながらものづくりを行ってきたため、いくらでも改良できるし、先にいけるという自信があるというのだ。

このように**「どれだけ失敗しているかが大切」であり、「失敗を積み重ねて現在がある」**というのがトヨタの考え方だ。

だからこそ、現社長の豊田章男さんは社員に**「三振はいいが、見逃しはダメ。空振りは思いっきり」と、社員の挑戦を後押しする言葉を発し続けている。**

人が挑戦できないのは、失敗への恐れからだ。「失敗もいいもんだ」「失敗には味がある」と背中を押す人がいれば、人は勇気をもって挑戦できるようになる。

第77話

「他社の失敗」を他山の石としない

ライバル会社のトラブルを「他社事」で済ませない

「他人の不幸は蜜の味」ということわざがあるように、他人の不幸やライバル会社の失敗というのは、時に聞いた人にささやかな優越感をもたらしてくれる。

しかし、そこに成長はない。そして、成長するには「他人の不幸」を「わがこと」と捉える姿勢が欠かせない。

トヨタでは他社で起こったトラブルであっても、いわば「他山の石」として自社の教訓にしている。

例えば、ある会社の工場でダクトから出火した場合、多くの会社で交わされるのは「〇〇会社の工場で火災があったね」「ありゃあ、大変だ」といった内容である。

しかし、トヨタでは、朝のミーティングで責任者がこんな指示をする。

「今朝のニュースで〇〇会社の工場で火災があったと報じられていた。原因はダクトからの出火らしいが、うちの工場では問題がないかすぐに調べよう」

「他社の失敗」を自社のこととして考える

それを受けてすぐに自社のダクトは大丈夫か、問題はないかを確認することになる。

そこにあるのは、他社での事故であっても、「他社事」とするのではなく、「うちの工場でも同じことが起きるのでは」という危機意識だ。それが問題意識のある社員と強い現場をつくることになる。

ニュースなどで他社の事故や不祥事を聞いたら、**「それは大変だなあ」「まあ、うちは関係ないけど」と済ますのではなく、自分の職場に置き換えて考え、点検をする。**

愚者は自分の経験からしか学べないが、賢者は歴史からも他社の経験からも学ぶことができる。

第78話

言葉にできないことは必ず「見える化」せよ

情報をオープンにすると、みんなの知恵が集まってくる

優れたリーダーは情報共有がうまい。「積み荷の作業は午後になりそう。それまでどうしようか」「後工程が遅れてる。どうしたらいい？」といった具合に、情報を共有することでみんなの関心を高め、知恵を集める。そうすることで活動はスムーズになるし、たくさんのアイデアや協力を得ることができる。

事務機器メーカーA社の工場が「ゴミゼロ」に挑んだ時の話だ。A社はもともと環境に対する関心が強く、社員自らが工場責任者に「ゴミゼロ工場を実現したい」と申し入れするほどだった。そこで工場長は「挑戦目標としては申し分ない。ぜひがんばってほしい」と言った上で、2つのお願いをした。

1つは「現場の人間に過度な負担をかけないでほしい」というものだった。ゴミゼロのためには生産現場の人たちの協力が欠かせない。しかし、あまりにやり過ぎると、「忙しいのにこんな面倒なことやっていられるか」

リーダーは「情報の飼い殺し」をするな

という反発を受けることになる。みんなが無理なく楽しく参加できるようにしてほしい、というのが責任者のお願いだった。

もう1つは**「情報は飼い殺しにするな」**である。

生産現場の人たちみんなを巻き込むのに、一部の人間が情報を抱え込んでしまったら進むものも進まない。**良いことも悪いことも、飼い殺しにせず、すべてオープンにしてほしい。それでみんなの関心を高め、積極的に参加できるようにしてほしい、ということだった。**

人は、指示や命令だけでは動かない。情報を飼い殺しにせず、みんなに見える化する。そうすることで人は自分たちで考え、自分たちで判断して行動するようになるのだ。

第79話 ムダな効率化に陥らないための考え方

「係長なら」「課長なら」という視点が新たな発想を生む

トヨタ式に「個々の能率」と「全体の能率」という考え方がある。

「個々の能率」というのは、自分が働いている部署や工程だけを見て能率を考えることだ。人事部なら人事部、製造部なら製造部のことだけを考えて効率化を図ることを意味している。

一方、「全体の能率」というのは、前後の工程や、工場全体のことを考えた上で、自工程の能率化を図ることを指している。

そしてトヨタでは、個々の能率を上げるにあたっては、前後の工程や全体のことを考えながらやらなければならない、という考え方をする。

なぜなら、ある工程の「個々の能率」を上げても、その前の工程の能率がそのままだったら、後工程の人は何もできない「手待ち」の時間が増えるだけだからだ。

つまり後の工程のことを無視して自工程の能率だけを上げても、結果的に「つくり過ぎ

「2階級上の立場」で考えられる人になれ

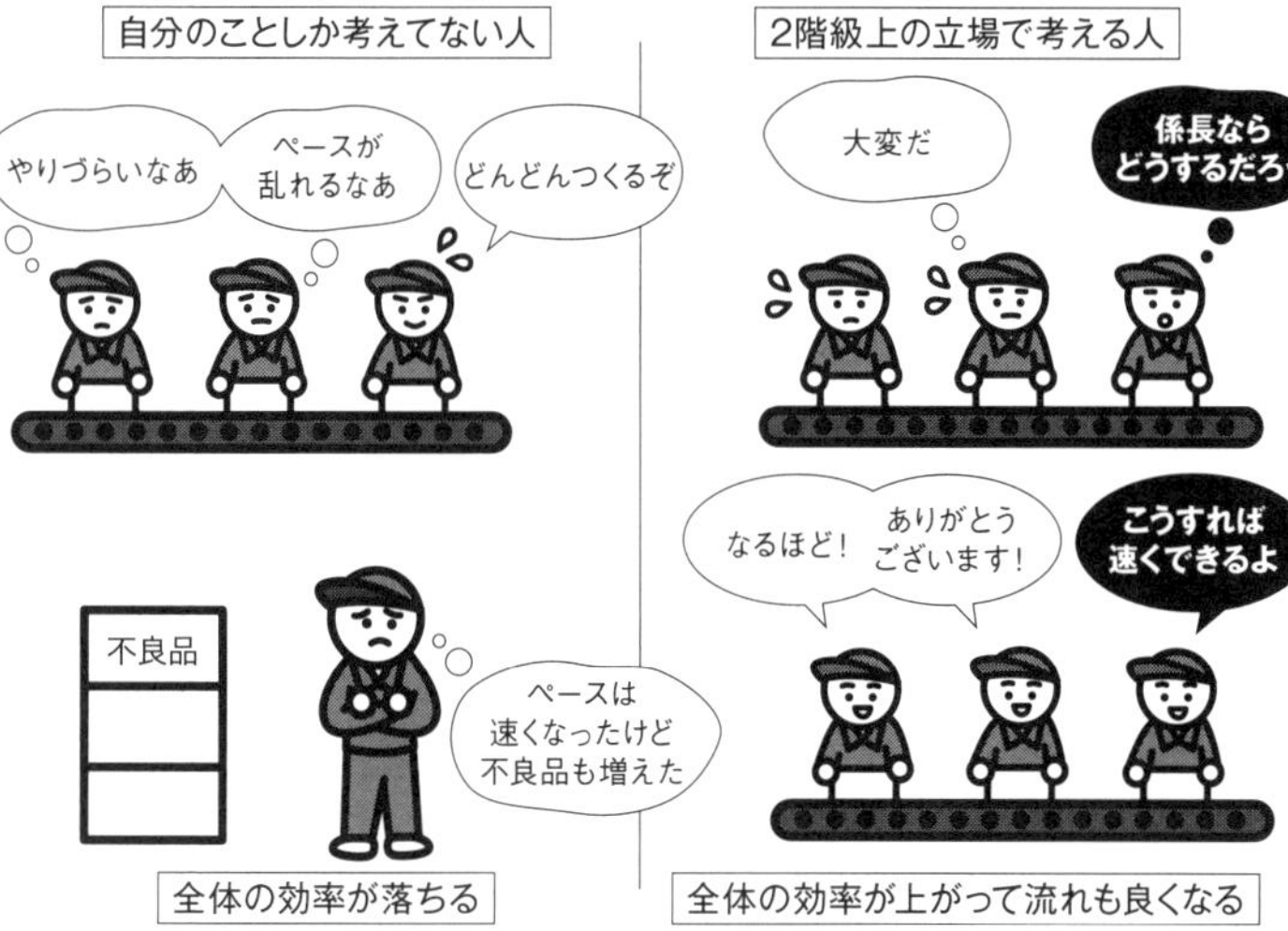

自分のことしか考えてない人
やりづらいなあ
ペースが乱れるなあ
どんどんつくるぞ
不良品
ペースは速くなったけど不良品も増えた
全体の効率が落ちる
2階級上の立場で考える人
大変だ
係長ならどうするだろう
なるほど！
ありがとうございます！
こうすれば速くできるよ
全体の効率が上がって流れも良くなる

のムダ」を生むことになる。

スタッフ部門も同じで、縦割り組織で自分たちの部署のことばかり考えると、肝心の「会社のために」が抜け落ちてしまう。

そこでトヨタでは、**「2階級上の立場で考えろ」**という考え方がある。

若手スタッフであっても、「係長なら」「課長なら」という視点をもち、会社としての大きな流れを理解し、中長期的な視点をもつように心がけなさい、ということだ。

そうすることで視野が広がり、問題に気づき、改善策を考えることもできるようになる。

「2階級上の立場で考える」習慣をつければ、「今」とは違う発想ができるし、「今の自分」を少しだけ高めていくことができる。

第80話

「トヨタ式片づけ」の原点である「2つの質問」

「整理整頓」は、「基準」をつくることから始めなさい

トヨタ式には「整理整頓」についての「基準」がある。

「必要な書類は、10秒で取り出せるか？」
「ものは新人でも取り出せるか？」

トヨタ式のものづくりの基本は、「必要なものが必要な時に必要なだけ」である。

それを実現するには「必要な部品や部材」がすぐに用意できる必要がある。そのためには部品や部材を置いてある倉庫が「入ったばかりの新人であっても、何がどこに何個あるかがわかる」ほど整理整頓されていなければならない。

ところが、多くの企業の整理整頓はトヨタ式ほどには行き届いていない。

「何がどこに何個あるかがわかる」ようになっていたとしても、倉庫の担当者やベテラン社員にしかわからないケースも少なくない。つまり、「何がどこに何個あるかがわかって」いても、それを取り出すのに時間がかかるとしたら、整理整頓としては中途半端なのだ。

「整理整頓」にも「基準」をつくれ

必要な書類は10秒で取り出せるか
これなら10秒で取り出せるぞ♪
タ行
サ行
カ行
ア行
新人でも取り出せるか
A
B
C
1
探さなくても必要なものがすぐに取り出せるね

さて、生産現場には「つくり過ぎのムダ」のような「7つのムダ」があり、事務や技術部門にも「誰も読まない資料をつくる」や「長過ぎる会議」など「7つのムダ」がある。

そしてこれらのムダを引き起こす根本原因が「ものを探すムダ」である。

こうしたムダをなくして、真の整理整頓に必要なのが、**「基準」で語り、「基準」と比べることだ。**

基準以上に時間がかかるとすれば、整理整頓の仕方を改善しなければならない。「ベテランにしかできない」とすれば、ベテランは「わざと仕事を難しくしている」ことになる。「基準」をつくって、それと照らし合わせながらムダを省いていく。トヨタ式片づけの基本である。

第81話 「どうすれば売上が上がりますか」に絶対NGの答えとは？

「売値を上げる」が絶対NGな理由

トヨタの経営者や社員が語る言葉は現実的なものが多いが、一方で青臭いほどの「理想」を堂々と口にする場合もある。

トヨタ社員のAさんは新入社員時代、研修で社内講師から「A君、利益はどうすればつくり出せますか?」と質問され、「売上を伸ばすか、原価を下げるかのどちらかです」と答えた。次に講師から「では、売上はどうすれば伸びますか?」と質問され、「売値を上げるか、販売数を増やすかのどちらかです」と自信満々で答えたところ、講師から「本気で言っていますか?」とものすごい剣幕で問い詰められたという。

「答え」が間違っているわけではない。ただ、それは一般論であり、トヨタでは「あってはならない」答えだった。講師はこう言った。

「売値は世の中、市場が決めます。私たちが決めるのではないのです」

「売値はお客さまが決める」は、創業者の豊田喜一郎さん以来のトヨタ伝統の考え方だ。

売値は「企業」ではなく「お客さま」が決める

新入社員研修
売上を上げるには？
売上を伸ばすか原価を下げるかです
売上はどうやって伸ばす？
売値を上げるか販売数を増やすかです
バカモノ!! 売値はお客さまが決めるんだ!!
企業の都合で値上げはしない 改善を重ねることで原価を下げるんだ
わかりました

もちろん世の中には「原価が上がったから」という理由で売値を上げる企業もあるが、「売値はお客さまが決める」という大原則に立つトヨタにおいては、企業の都合で勝手に売値を上げることはあり得ない。

製品の価値が変わらない以上、価格は決して上げないというのがトヨタの考えであり、**売値を上げるのではなく、絶えざる改善によって原価を下げることで初めて利益は出る、と考えている。**

これを「綺麗ごと」「理想論」と言う人もいるだろうが、こうした「理想」を本気で信じているからこそ「トヨタ」は着実に発展し、企業として強くあることができるのだ。

第82話 企業で3年、何も変わらないのは「悪」

「何も変えないこと」が「最も悪いこと」

1995年、奥田碩さんがトヨタ社長に就任した際、こんな所信表明をしている。

「この1、2年の対応次第で、21世紀にも成長・発展を約束された企業となるか、あるいは20世紀に繁栄した過去の企業に終わるのか、重大な分岐点に立っている」

当時奥田さんは、トヨタという会社が「重大な分岐点」に立っているという強い危機感をもっていた。

そこで「何も変えないことが最も悪いことだ」と、**「変えること」「変わること」の大切さを強調して語った。**

「企業は何も変えなければ3年で潰れる」というのが、トヨタの考え方である。

企業には栄枯盛衰がある。イギリスのマンチェスター近郊オールダムは、産業革命発祥の地である。そこに本社を置くプラット・ブラザーズは、かつて紡織機で世界を征し、トヨタの前身・豊田自動織機からも織機の技術特許を買っていた。その利益がトヨタ自動車

企業は何も変わらなければ3年で潰れる

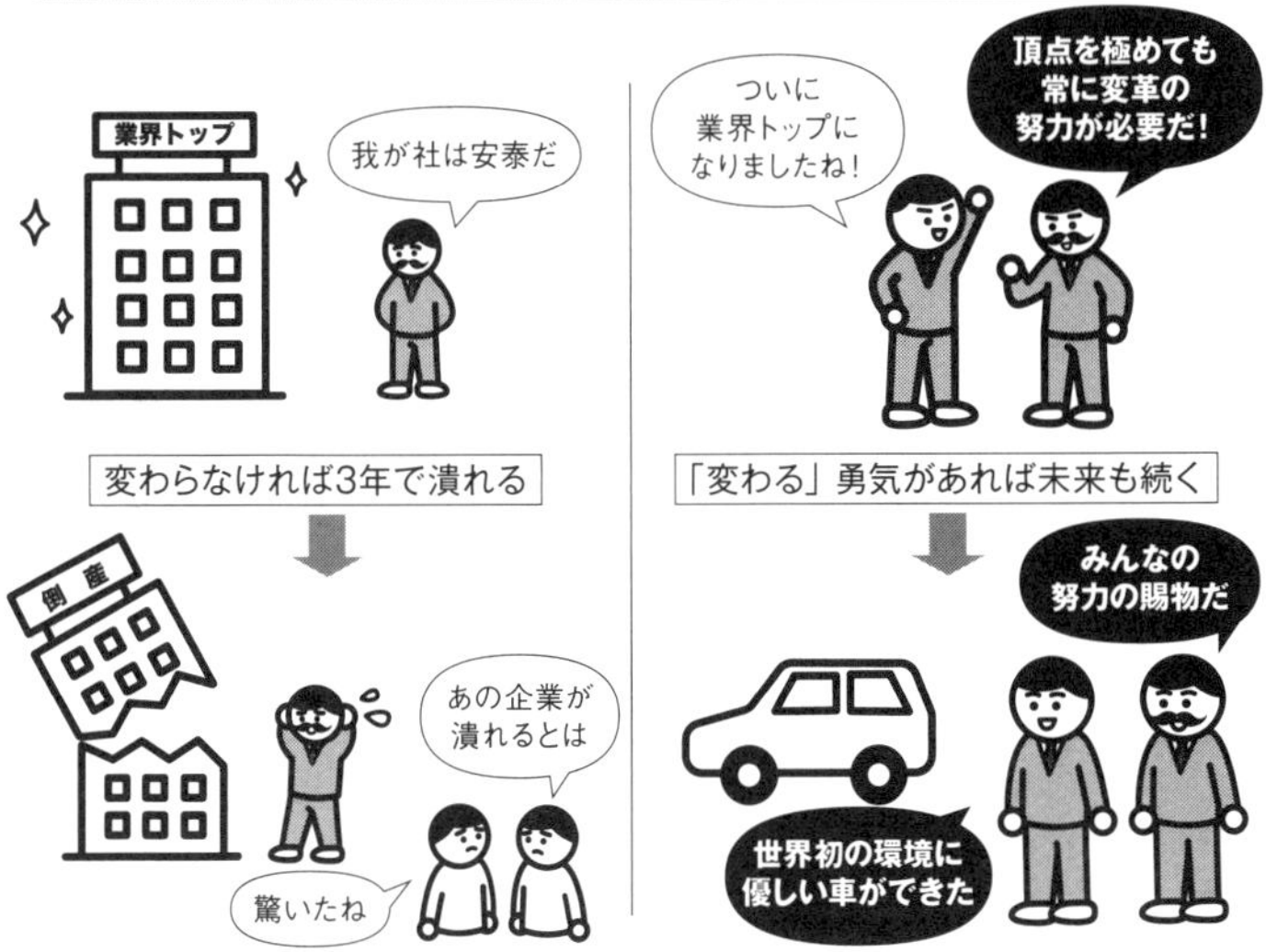

創業の資金になったともいわれている。それほどの名門企業だったが、同社はその後倒産し、オールダムの公園には、創業者の銅像だけが残っているという。

オールダムを訪ねた豊田章一郎さんはその姿を目に焼き付けて帰り、「頂点を極めても、常に変革の努力をする」ことの大切さを説いている。

話を戻すと、奥田さんが目指したのは、まさにトヨタをプラット・ブラザーズではない、21世紀も繁栄し続ける企業へと変えることだった。

何も変えなければ、企業の寿命は尽きる。その後、奥田さんのもとで誕生した「プリウス」は、トヨタの企業イメージを大きく変えることとなった。

第83話

「改善」は「会社」ではなく「お客さまのため」にやる

「改善」することが「目的」となっては本末転倒

トヨタ式を支える柱の一つが「ジャスト・イン・タイム」である。

これは、トヨタ創業者の豊田喜一郎さんが考案したもので、喜一郎さんは、工場の生産ラインの脇に必要な部品が「必要な時に、必要な量だけ」届き、早過ぎも遅過ぎもせず「必要な時に必要なもの」が出来上がる姿をイメージしていた。

実際に自動車の生産を始めた挙母《ころも》工場（現トヨタ本社工場）でそのつくり方を試そうとしたが、戦争などの影響もあって志半ばで終わっている。

それを引き継いで実現したのが大野耐一さんであり、アメリカのスーパーマーケットなどから、様々なアイデアを取り入れることでジャスト・イン・タイムを可能にした。

ジャスト・イン・タイムについて、トヨタの元副社長・友山茂樹《ともやましげき》さんはこう言っている。

「ジャスト・イン・タイムの最終地点は、工場のラインオフ（商品の完成）ではなく、一

改善は「誰のため」「何のため」なのかを考える

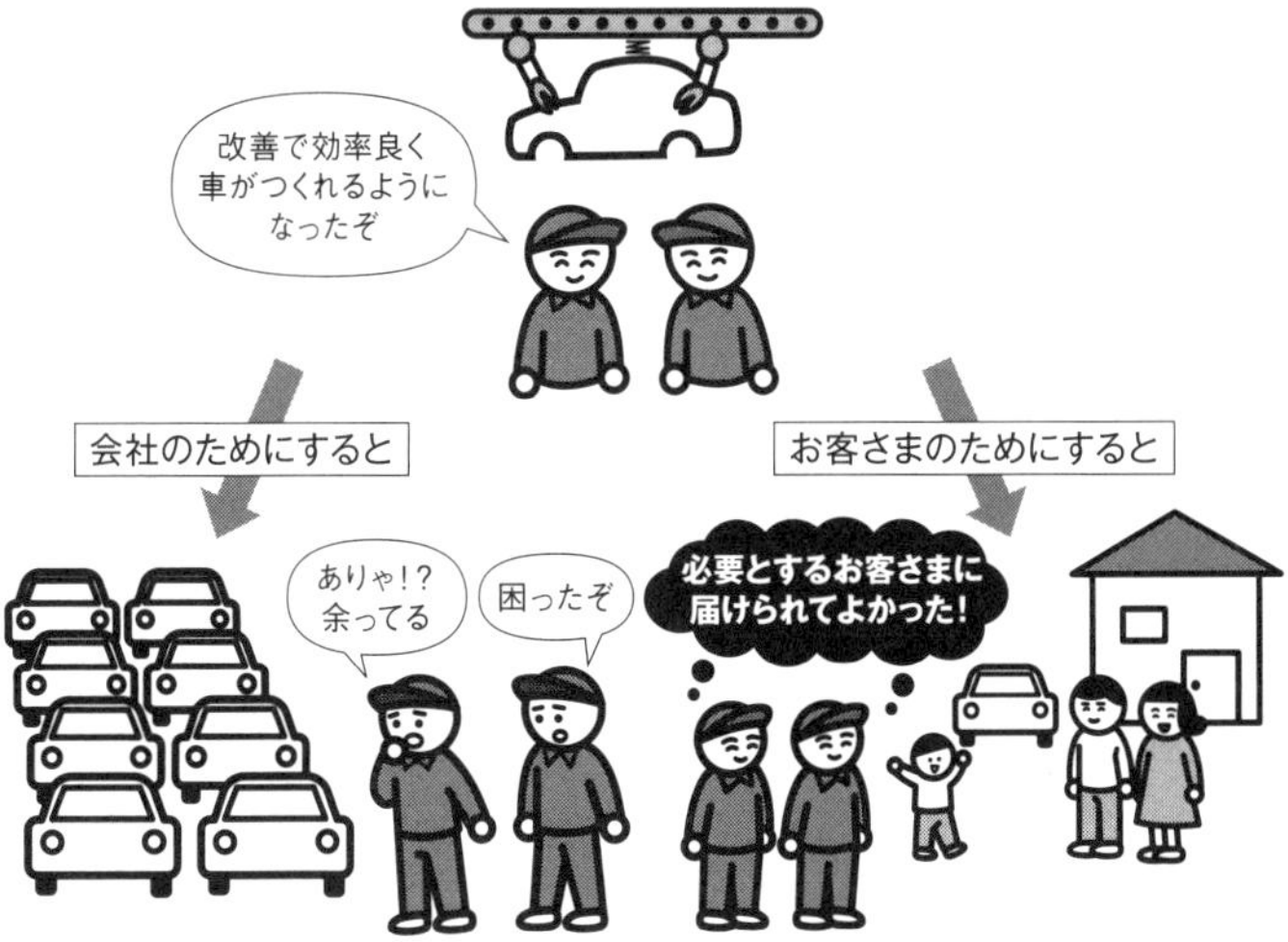
改善で効率良く
車がつくれるように
なったぞ
会社のためにすると
お客さまのためにすると
ありゃ!?
余ってる
困ったぞ
必要とするお客さまに
届けられてよかった!

人ひとりのお客さまだと考えています」

お客さまが必要とするものだけをつくり、必要としないものはつくらない。

もっといえば「売れに合わせてものをつくる」のが、ジャスト・イン・タイムの目指すところである。

常にお客さまを意識しながら、お客さまのためにものをつくり、お客さまのために日々改善をする。

これがトヨタ式ものづくりである。

第84話

会社を動かすのは「目先の利益」ではなく「大義」

結局「世のため、人のため」が多くの人の心を動かす

日本の自動車メーカーが世界で飛躍するきっかけとなったのは1970年にアメリカで成立したマスキー法（自動車の排ガス規制）だ。

ホンダの創業者・本田宗一郎さんは当時、マスキー法の成立は、後発メーカーが世界のトップへ躍り出るチャンスと考えた。

若きホンダ社員たちも「ホンダ1社のためでなく、自動車業界のためであり、地球環境のためである」と考えた。本田さんはこの言葉に感銘を受けて若手の挑戦を後押しする。

その結果、厳しい規制を前にアメリカ自動車大手3社が先延ばし工作を考えたのに対して、日本のメーカーは必死になって技術開発に努め、日本車躍進へとつながっていった。

1995年6月に正式プロジェクトとなったトヨタの「プリウス」も、トヨタのためというより、自動車業界全体の発展を見据えた考えから生まれたものだ。

当初、「プリウス」の量産開始は98年12月

人の心を動かすのは強い使命感

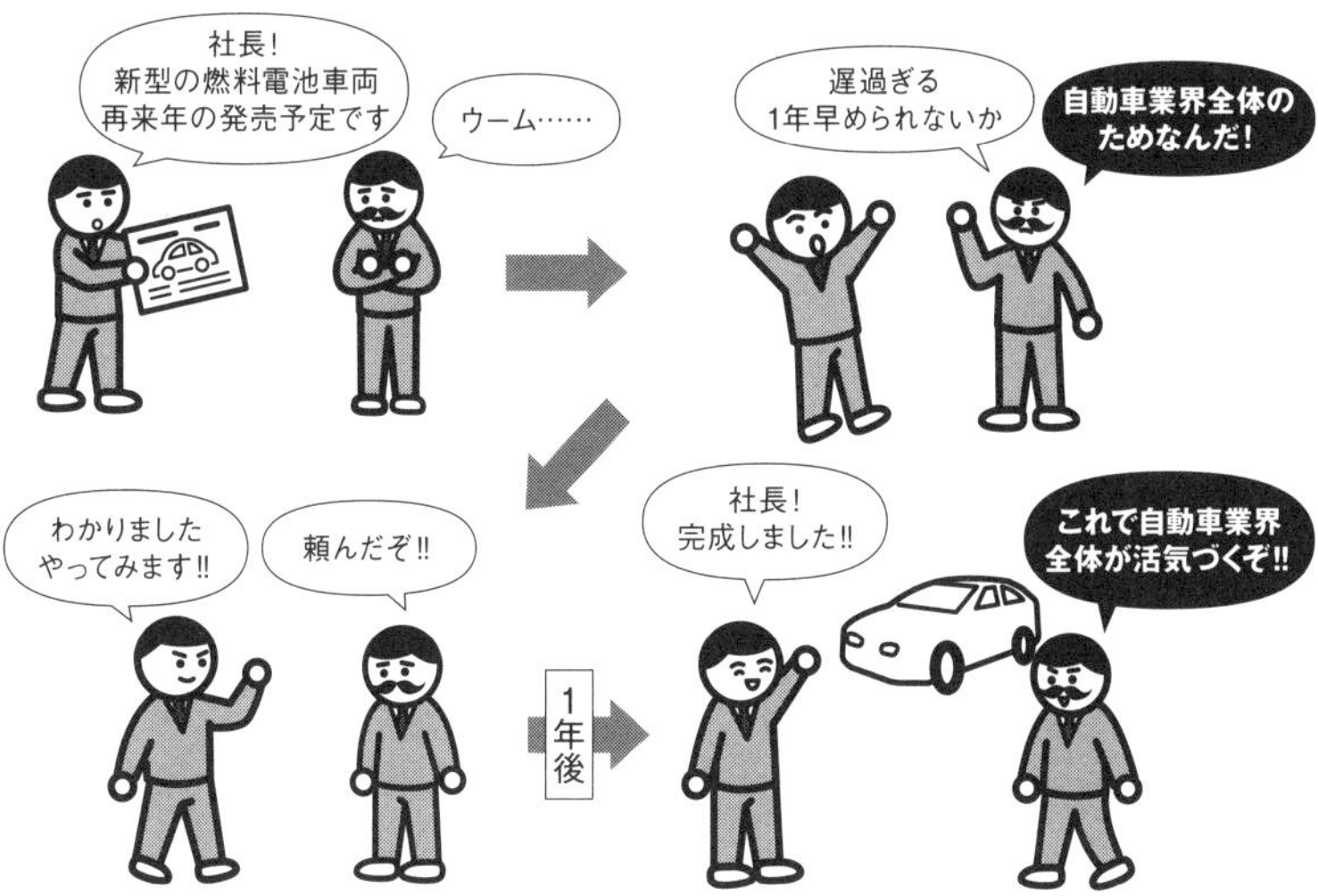
社長！
新型の燃料電池車両
再来年の発売予定です
ウーム……
遅過ぎる
1年早められないか
自動車業界全体の
ためなんだ！
わかりました
やってみます!!
頼んだぞ!!
1年後
社長！
完成しました!!
これで自動車業界
全体が活気づくぞ!!

の予定だった。それを当時の社長である奥田碩さんが1年前倒しの97年に発売させたのだ。奥田さんはその理由をこう説明している。

「それでは遅過ぎる。1年早められないか。この車の発売を早めることには大きな意義がある。この車はトヨタの社運だけでなく、自動車業界全体の将来も左右する可能性がある」

開発を急ぐことは、ある面ではトヨタのためである。しかし、21世紀が「環境の世紀」と考えれば、「プリウス」という車を世に送り出すことは自動車業界、さらには地球のためである。**人を突き動かすのは「お金のため」や「会社のため」ではなく、それを超えた強い使命感やロマンなのだ。**

第85話

「長期スパン」で見る人に人はついてくる

10年、20年後に評価される仕事を目指すのがトヨタ

「5年、7年、10年と待つつもりで進めなければなりません。でも、10年待てる会社はなかなかありません」とはアマゾンの創業者ジェフ・ベゾスの言葉である。

イノベーションには長い時間や忍耐、そして資金的な負担が必要だが、たいていの企業は「そんな先のこと」よりも「今すぐ結果の出ること」に飛びつきたがる。

確かにその方が効率はいい。ただ、それを繰り返すだけでは難題に立ち向かうのは難しいし、イノベーションを起こせるはずもない。

トヨタは、しばしば**「長いスパンでものを見よう」とする。**

例えば、トヨタが初めてアジア向けの戦略車を開発した時の話だ。

チーフエンジニアの吉田健さんは「つくりやすくて、安い車」を目指したが防錆《ぼうさび》など品質に関わる部分は、決して妥協しようとはしなかった。

理由は「信頼性や耐久性は、10年後に必ず

「価格」を下げるために「品質」を犠牲にしてはいけない

価値がわかるはず」だからだ。

品質を犠牲にした安い車は一時的には売れるかもしれないが、長く愛されるためには絶対に犠牲にできなかった。10年先を見ての決断だった。

また、ある海外支店で働くトヨタ社員は現地で苦戦しながらも「10年、あるいは20年たって、『今があるのはあの時に彼らががんばったからだ』と言われることを楽しみにがんばろう」と自分たちに言い聞かせたという。

現社長である豊田章男さんの口癖も、**「今評価されるのではなく、20年後、50年後に評価されることを目指そう」だ。**

今日のために戦うだけでなく、10年先、20年先を見越して決断することで、多くの人に愛される企業になれるのだ。

第86話

人を心の底からやる気にさせるコツ

「自社のことだけ」ではなく「業界全体」のことを考える

トヨタは自動車先進国のアメリカからたくさんのことを学び、アメリカも常に日本の先生だった。しかし、2度にわたるオイルショックによってその関係は逆転する。

アメリカの消費者も燃費効率の良い日本の車を好むようになり、気がつけばアメリカの自動車市場は安くて品質の良い日本車が席巻するようになった。ビッグ3(GM、フォード、クライスラー)にとって、初めての敗北だった。

ビッグ3は敗北の原因を日本車の安さにあると主張したが、大野耐一さんは、たくさんのムダを生む大量生産方式にこそ原因があると見ていた。

1988年、トヨタはケンタッキー州で工場を操業することになるが、大野さんは責任者として赴任する愛弟子の張富士夫さんにこんな言葉を贈っている。

「トヨタがケンタッキーに工場進出するのは、トヨタ自身が自社の利益のために出ていくのでなく、アメリカの自動車産業の活力回

「世のため 人のため」が人をやる気にさせる

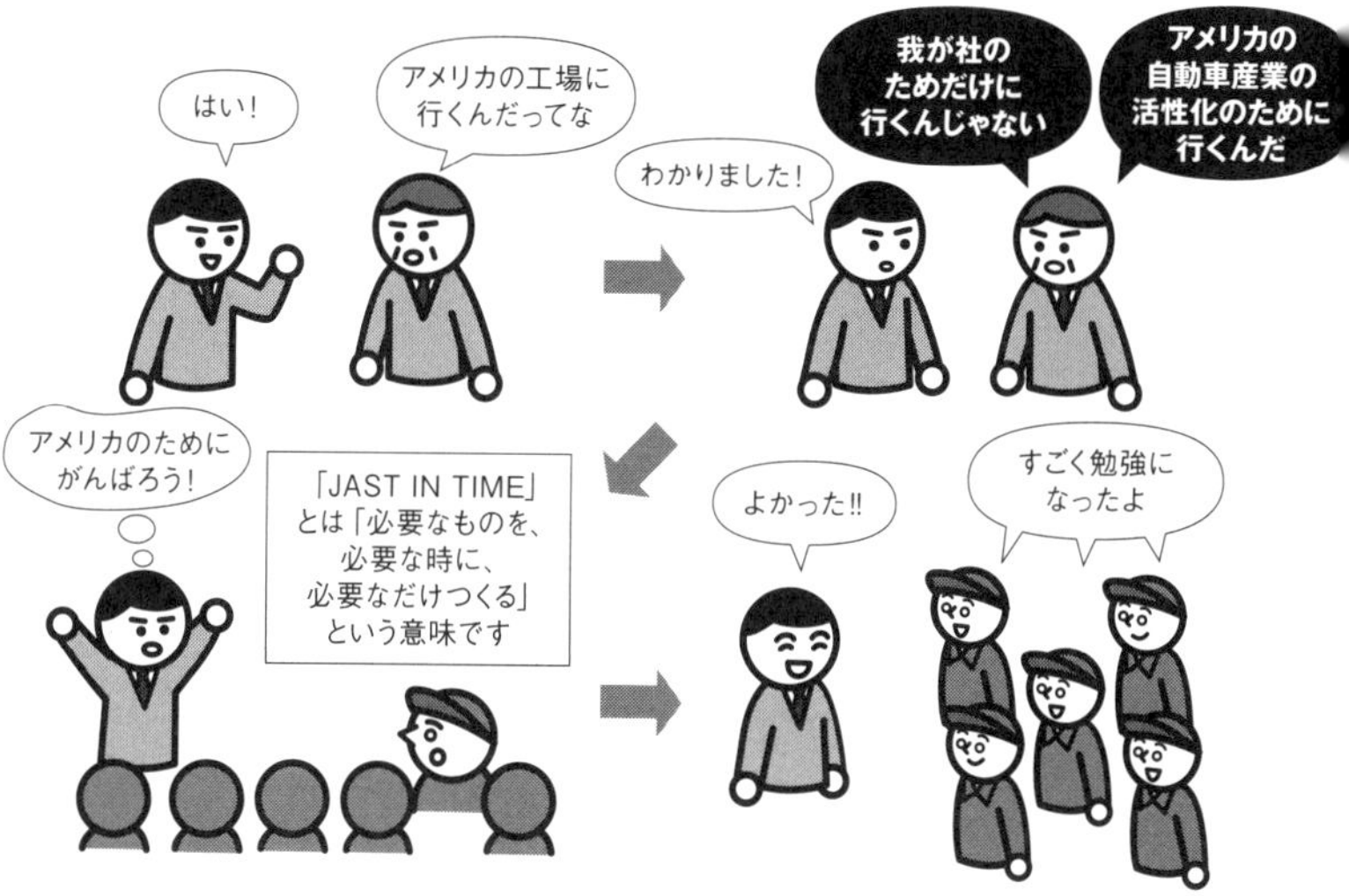

復のために出てきたのだという気持ちにならんといかんよ」

ケンタッキー工場にトヨタ式を導入して「いいものをより速くより安くつくる」を実践すれば、アメリカの自動車メーカーも自分たちの誤りに気づくかもしれない。「なにも日本のためではない。むしろアメリカのためなのだ」が、トヨタの思いだった。

後に、その言葉通りGEなど多くの企業がトヨタ式に学び、「リーン生産方式」として広く普及することになった。

自分たちのやっている仕事が会社だけでなく、社会にとって大きなインパクトをもっていると感じられる時、人は心の底からやる気を刺激されるのだ。

第87話 トヨタが70年以上もリストラをしない本当の理由

社員を欺いて失った信頼は、10年かかっても取り戻せない

トヨタは1950年に大量の退職者を出して以降、一度も社員のリストラを行っていない。人を採用した以上、育て上げるというのがトヨタの考え方であり、だからこそ労使の信頼関係もできる。

しかし、こうした関係が築かれるまでには、実に10年もの年月を要している。

信頼回復には10年かかる。だからこそ**「会社は従業員を欺いてはならない」**が豊田英二さんの言葉である。1950年、トヨタの労使が激しく対立する中、労使が和解のために交わした文書の一つに不備が見つかった。役員の一人が「これで裁判に勝てる」と言うと、英二さんは不備があろうとなかろうと、「人員整理はしない」という覚書の精神は尊重しなければならないと主張した。

「覚書が無効というのは我が社の組合員、従業員に対する重大な裏切り行為です。欺瞞《ぎまん》以外の何物でもありません。そんなことをしたら仮に法廷闘争で勝ったとしても、従業員の

会社が社員を信じれば、社員は必ずそれに応えてくれる

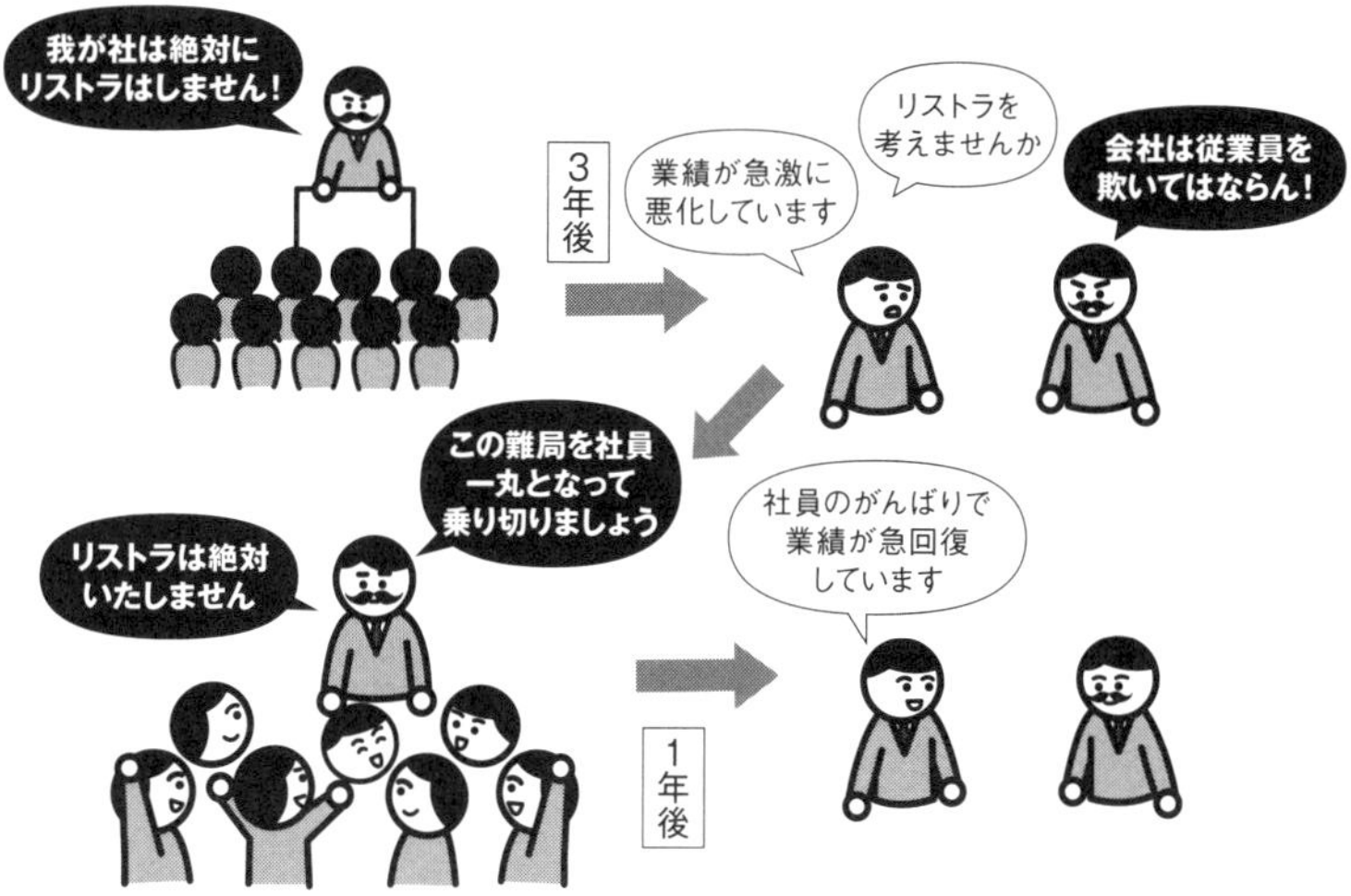

会社に対する信頼をなくし、禍根を将来に残します」

会社はどんな状況に置かれても、従業員を欺いてはならない。青臭いほどの「綺麗ごと」だが、それを本気で信じるかどうかは大切なことだ。

1982年、トヨタ自工（生産会社）とトヨタ自販（販売会社）が合併するにあたり、自販の社員の間に動揺が広がったが、自工トップの英二さんはこう言った。

「当事者が悪いことをしていると思っていると、社員に合併の真意を伝えるのに骨が折れるが、当事者が信念をもっているとそれほどではない」

会社が社員を信頼し、社員も会社を信頼する。企業にとってこれ以上の財産はない。

第88話

「車の完全自動運転化」でトヨタと欧米では目指すものがこんなに違う

「何をするか」よりも「何のためにするか」

現在トヨタと資本提携を結んでいる株式会社SUBARUの前身は、中島飛行機という航空機メーカーである。

当時、優秀な戦闘機を開発していた中島飛行機が、最も重視していたのが、安定した操縦性能とパイロットの安全性だった。

その志を引き継いでいるSUBARUは、早くから安全性能の向上に努め、他車に巻き込まれるケースを除けば、衝突事故はゼロに近いところまできている。

この数年、急速に進む電動化や自動運転だが、「なぜ自動運転か」の理由が、グーグルなどIT企業とトヨタグループでは大きく異なっている。

グーグルやテスラ・モーターズは完全自動運転になれば、運転手が運転中に他のことをやることができて便利と考えているのに対し、トヨタやSUBARUが重視しているのは「交通事故死傷者ゼロの社会をつくる」というものである。

大きな難題には「大義」を掲げてチャレンジせよ

完全自動運車を作ろう！
完全自動運転の車をつくろう！
「何のため」がないと…
「大義」があると…
コストがかかるなぁ
収益化も当分見込めないし……
がんばります！
実現させましょう！
事故ゼロの社会をつくるんだ!!

そしてもう一つ。身体的なハンディキャップがある人や公共交通機関のない移動弱者に安全な移動手段を提供する、というものだ。

つまり、海外メーカーの目指すゴールが「完全自動運転の実現」なのに対し、トヨタやSUBARUはあくまでも「交通事故死傷者ゼロ」や「移動弱者の解消」にある。ただ、自動運転の実用化には多額のコストがかかる上に、いつ収益化できるかも未知数だ。

その意味ではすべての自動車メーカーにとって苦しい選択だが、だからこそ実現には「大義」が欠かせない。車には事故がつきものだが、世界一の自動車メーカーのトヨタが追い求めるのはいつも、**「事故ゼロ」であり、「人に優しく人に優しい移動手段」なのだ。**

第89話 「○○さんしかできない」ではなく「○○さんでもできる」

トヨタ式改善の基本は「難しいことを易しく」

かつてあるトヨタ社員に「あなたの仕事の目標はなんですか？」と尋ねたところ、こんな答えが返ってきた。

「私の役目は自分の仕事が不要になるほどの改善をすることです」

驚いた。職場によってはベテラン社員が、「それは私にしかできません」と言って自らの存在意義を誇示しているケースも少なくないからだ。だからこそ彼の「自分の仕事が不要になるほどの改善」という言葉は新鮮で、「なるほど」と思わせる説得力があった。

ただ考えてみれば、高度な知識を必要とする仕事や、特別な資格を必要とする仕事ならともかく、日常業務で「○○さんにしかわからない」があるのは、組織としておかしい。

例えば、ある企業で使う機械の調整はとても複雑で、長い経験を積んだ「職人」しかできなかった。ところが、その企業がトヨタ式を導入して、「難しいことを易しくする」を基本に改善を進めたところ、誰にでも簡単に

「誰でもできる」は改善の最大の成果

私には
使えないな
君しか
できないよ
……
「○○しかできない」で済ます人
改善に改善を重ねる人
俺にしか
できないんだぞ
エヘン
使えるように
なりたいのに……
みんなが使えるように
マニュアルをつくろう
マニュアル

できるようになった。

実は機械の調整を難しくしているのはその「職人」であり、あえて難しいままにしておくことで「俺にしかできない」と威張っていただけだった。

大切なのは、**難しい仕事を誰でもできる易しいものにすることであり、仕事の中に隠れているムダを1つ2つと省いていくことだ。**

それがトヨタ社員の言う「自分の仕事が不要になるほどの改善をする」という意味だ。

あなたもぜひ自分の仕事が必要なくなるほど、徹底して改善に取り組んでほしい。

そして、その現場であなたが必要なくなったら新しい現場で新たな改善力を発揮すればいい。それほどの改善力をもつあなたなら、どの現場でも必ず必要とされるだろうから。

第90話

「変えていいこと」と「変えてはいけないこと」の見分け方

「品質と安全がすべてに優先する」がトヨタ

改善とは「何かを変える」ことだが、注意しなければならないのは「改善には変えていいものといけないものがある」という点だ。

ある飲食店チェーンが、低価格競争に負けないようにと、価格を下げる一方、コスト削減にも乗り出した時の話だ。その方法は単純で、コストの一律カットだった。人を減らし、安い食材に切り換えたのだ。

その後しばらくの間は客足も好調だったが、すぐに客足が遠のき始めた。理由は、食材などの仕入れ価格を引き下げた結果、飲食店にとって最も大切な「味」が低下してしまったからだった。

長年のファンが離れてしまい、新規客も2度3度と足を運ぶことはなかった。

改善には変えていいものと、変えてはいけないものがある。

飲食店もコストを下げる努力は必要だが、肝心の味が落ちては、かえってお客さまを失うことになってしまう。

「改善」が「改悪」になっていないか

ライバル
ライバル店に顧客が流れている対策を考えよう
店
「変えてはいけないもの」を変えると……
「変えていいもの」を見極めると……
安い材料に変えて価格を下げたのに
顧客は減る一方だ
安田飯店
おいしい
一番大切な味を見直してよかった!

それぞれの店や企業には「売り」がある。そこが失われると、お客さまは何も言わず立ち去っていく。これでは改善の意味がない。

改善とは「変える」ことだが、その際、これは絶対に守らなければならない、安易に変えてはならないものがある。

大事なのは、**何を変えていいか悪いか、それを見極めることだ。**

例えば、トヨタ式では**「品質と安全はすべてに優先する」といわれるように、安全や品質を犠牲にした改善は「改悪」であり、決して許されないものとなる。**

変えてはいけないものを変えると企業はおかしくなるし、変えるべきものを変えなくてもおかしくなってしまう。心したい。

第91話

「お客様が求めて」も「お客さまのためにならないもの」はつくらない

世の中のためにならないものをつくって「どう使うかは任せる」は責任放棄

「お客さまは神様」という言葉がある。お客さまの言うことは絶対であり、お客さまの望むことを叶《かな》えるのが商品サービス提供者の務めのようなニュアンスがあるが、正しいのだろうか。

バブル景気の頃、高級車を始めとして高いものが飛ぶように売れた時期がある。企業は高級品に力を入れ、株や不動産取引で巨額の利益を手にすることが多かった。

トヨタはこうした運用にうつつを抜かすことはなかったが、お金をかけ過ぎた車づくりを行って、高コスト体質に陥ったことがある。

こうした反省から当時の社長・豊田英二さんは「お客さまの本当に求めているところから離れた車づくりをしてしまっていた」と社員を叱りつけ、こんな話をした。

昔、刀匠《とうしょう》の世界に「村正」と「正宗」という2人の名人がいた。

村正は人を斬るのに最適な刀をつくったのに対し、正宗は「刀は自分の身を守るもの」

求められてもお客さまのためにならないものはつくらない

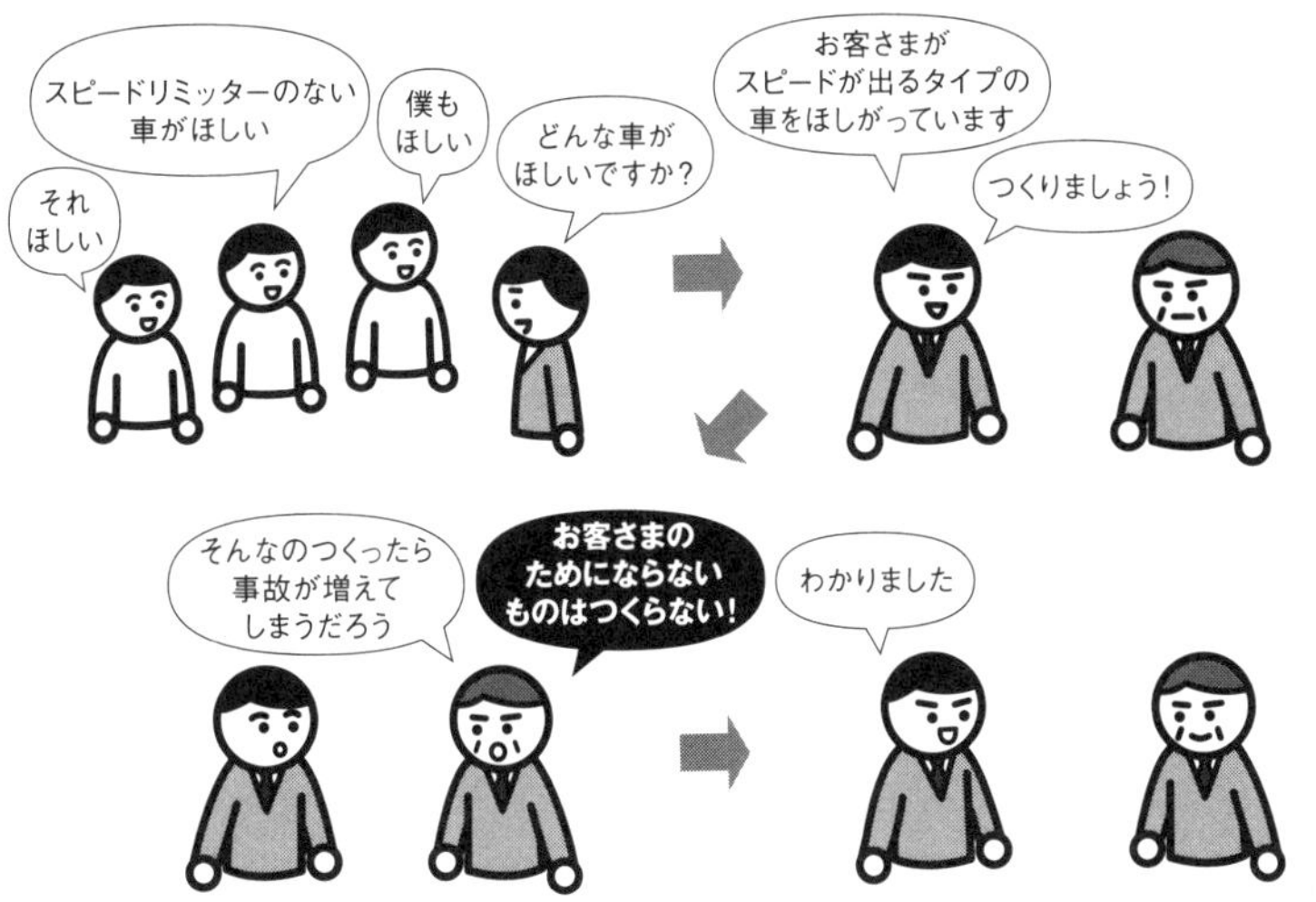

として、それに適した刀をつくった。そして、正宗には村正のような刀は、求められてもつくらないという流儀があった。

英二さんは、正宗のように「お客さまが求めても、お客さまのためにならないものはつくらない」が真のCS（顧客満足）だとして、こう諭した。

「私は、『本当にお客さまのためになるのか』、そのモノサシをしっかりともっていることこそが、ものづくりに携わる企業の『哲学』であると思う」

世の中のためにならないものをつくって、「どう使うかは任せる」は無責任過ぎる。

ものづくりにはものづくりなりの「誇り」や「哲学」が必要だ、という言葉を英二さんは残している。

豊田章男 伝説 06

自動車業界は、100年に1度の大変革期に入った。「勝つか負けるか」ではなく「生きるか死ぬか」の瀬戸際の戦いが始まった

自動車業界を取り巻く環境が急速に変わっています。今、100年以上続いてきた自動車業界のあり方を一変させるといわれる※「CASE革命」が進行中です。

例えば、テスラが先鞭をつけた電気自動車が急加速しており、ハイブリッドカー「プリウス」によって環境の時代を切り開いたトヨタでさえ、今後は発売する車の半数以上を電気自動車にするという決断を行っています。

豊田章男さんは2009年に社長に就任して以降、社員に対してこう呼びかけていました。

「失敗を恐れずに何度もチャレンジし、バットを振り続けよう」

「もっといい車とは何かをとことん考え抜こう」

これらは社員に「チャレンジ」と「意識改革」を促すものでしたが、「自動車業界は、…」のメッセージは強い口調で語られており、「トヨタは安泰」という気持ちからの大転換を社員に迫るものでした。

トヨタの特徴の一つは「危機を迎え撃つ」ことです。危機が訪れてから慌てふためくのではなく、やがて来る危機を先取りし、危機をチャンスに変えていこうという考え方です。創業者の豊田喜一郎さんは「100年に一度の危機を乗り越えるために備えよ」と訴えていましたが、章男さんは100年に一度の危機を、自ら先頭に立つことで乗り越えようとしています。

※「CACE」…Connected（コネクティッド）、Autonomous（自動化）、Shared（シェアリング）、Electric（電動化）の頭文字をとった造語。

本書の執筆にあたっては下記の書籍や雑誌を参考にさせていただきました。厚くお礼申し上げます。

また、多くの新聞やウェブサイトも参照させていただきましたが、煩瑣を避けて割愛させていただきます。

◎参考文献
『トヨタ生産方式』大野耐一著　ダイヤモンド社
『大野耐一の現場経営』大野耐一著　日本能率協会マネジメントセンター
『トヨタ式人づくりモノづくり』若松義人、近藤哲夫著　ダイヤモンド社
『「トヨタ式」究極の実践』若松義人著　ダイヤモンド社
『使える！トヨタ式』若松義人著　ＰＨＰ研究所
『ザ・トヨタウェイ』ジェフリー・Ｋ・ライカ―著　稲垣公夫訳　日経ＢＰ社
『誰も知らないトヨタ』片山修著　幻冬舎
『トヨタの方式』片山修著　小学館文庫
『常に時流に先んずべし』ＰＨＰ研究所編　ＰＨＰ研究所
『豊田英二語録』豊田英二研究会編　小学館文庫
『トヨタ経営システムの研究』日野三十四著　ダイヤモンド社
『トヨタ式仕事の教科書』プレジデント編集部編　プレジデント社
『トヨタシステムの原点』下川浩一、藤本隆宏編著　文眞堂
『トヨタ新現場主義経営』朝日新聞社著　朝日新聞出版
『トヨタ生産方式を創った男』野口恒著　TBSブリタニカ
『トヨタの世界』中日新聞社経済部編　中日新聞社
『人間発見 私の経営哲学』日本経済新聞社編　日経ビジネス人文庫
『ザ・ハウス・オブ・トヨタ』佐藤正明著　文藝春秋
『トヨタはどうやってレクサスを創ったのか』髙木晴夫著　ダイヤモンド社
『レクサス トヨタの挑戦』長谷川洋三著　日本経済新聞社
『自分の城は自分で守れ』石田退三著　講談社
『物事は単純に考えよう』池森賢二著　ＰＨＰ研究所
『１分間松下幸之助』小田全宏著　ＳＢクリエイティブ
『加賀屋の流儀』細井勝著　ＰＨＰ研究所
『トヨタ流「改善力」の鍛え方』若松義人著　成美文庫
『トヨタ流「最強の社員」はこう育つ』若松義人著　成美文庫
『「トヨタ流」自分を伸ばす仕事術』若松義人著　成美文庫
『なぜトヨタは人を育てるのがうまいのか』若松義人著　PHP新書
「工場管理」１９９０年8月号
『週刊東洋経済』２００６年1月２１日号、２０１６年4月9日号、２０１８年3月１０日号、２０１８年１１月１０日号、２０１９年3月１６日号 『週刊ダイヤモンド』２００２年１２月7日号 『日経ビジネス』２０００年9月１８日号、２００８年1月7日号 『日経ビジネス　アソシエ』２００４年１１月１６日号

これら参考文献以上に、私にトヨタ式の素晴らしさ、人間の知恵の凄さを教えてくださった故・若松義人氏に感謝の念を捧げます。

著者略歴

桑原　晃弥（くわばら　てるや）

１９５６年、広島県生まれ。経済・経営ジャーナリスト。慶應義塾大学卒。業界紙記者などを経てフリージャーナリストとして独立。トヨタ式の普及で有名な若松義人氏の会社の顧問として、トヨタ式の実践現場や、大野耐一氏直系のトヨタマンを幅広く取材、トヨタ式の書籍やテキストなどの制作を主導した。一方でスティーブ・ジョブズやジェフ・ベゾスなどＩＴ企業の創業者や、本田宗一郎、松下幸之助など成功した起業家の研究をライフワークとし、人材育成から成功法まで鋭い発信を続けている。著書に『スティーブ・ジョブズ名語録』（ＰＨＰ研究所）、『トヨタ式「すぐやる人」になれる８つのすごい！仕事術』『スティーブ・ジョブズ結果に革命を起こす神のスピード仕事術』（以上、笠倉出版社）、『ウォーレン・バフェット巨富を生み出す７つの法則』（朝日新聞出版）、『トヨタ式5Ｗ１Ｈ思考』（KADOKAWA）、『１分間アドラー』（ＳＢクリエイティブ）、『amazonの哲学』『トヨタは、どう勝ち残るのか』（以上、だいわ文庫）などがある。

編集・制作　越智秀樹・美保（OCHI企画）
カバーデザイン　池上幸一
本文デザイン　株式会社光雅（横田和巳）
イラスト　池上真澄
校正　山崎春江

トヨタ式「人を動かす人」になれる６つのすごい！仕事術

2022年7月19日　初版発行

著　者　桑原晃弥
発行人　笠倉伸夫
発行所　株式会社笠倉出版社
〒110-8625
東京都台東区東上野 2-8-7　笠倉ビル
営業☎ 0120-984-164
内容に関するお問い合わせ　sales@kasakura.co.jp
印刷・製本　株式会社 光邦

KASAKURA Publishing Co.,Ltd. 2022 Printed in Japan
ISBN978-4-7730-6140-6